新版
生活の色彩学

加藤雪枝
石原久代
中川早苗
橋本令子
寺田純子
雨宮　勇
高木節子
大野庸子
著

朝倉書店

執 筆 者

加か藤とう枝え代よ子こ	椙山女学園大学生活科学部・教授
石いし原はら雪ゆき久ひさ苗なえ	名古屋女子大学家政学部・教授
中なか川がわ早はや令れい子こ	広島国際学院大学現代社会学部・教授
橋はし本もと純すみ子こ	椙山女学園大学生活科学部・助教授
寺てら田だ勇いさみ子こ	愛知学泉短期大学・教授
雨あめ宮みや節せつ子こ	椙山女学園大学生活科学部・助教授
高たか木ぎ庸つね子こ	名古屋女子文化短期大学・教授
大おお野の	名古屋女子大学名誉教授

(執筆順)

まえがき

　私たちのまわりに存在するすべてのものは形と色をもっている．形はものの存在の姿を示し，色彩はそれに新しい力，生命力を与えるといわれており，色彩がものの表現に必要かつ重要なことはいうまでもない．
　先史時代のひとびとが自然の植物や鉱物などの色彩を取り入れて，生活を豊かにする努力を続けてきたことは古代の遺跡や遺物から推測され，現代においても，ひとびとは豊かな色彩を活用した，美しく，快適な，能率のよい，安全な生活の追求に余念がない．このような理由からであろうか，色彩に対する関心が，ここ数年来急激に高まり，心理学，生理学，物理学，化学，芸術，産業など広範囲な分野において，これまでになく多数のひとびとの意識にのぼるようになった．
　一方で現在，人工色材の発達はあらゆる色彩を表することを可能にし，私たちの生活環境は多彩なものとなり，"騒色"という言葉に象徴されるように無秩序な様相を呈しており，審美性が問われ，視覚上の混乱にもつながるような状況が生まれている．色彩は固有の性格をもっており，この性格が単独あるいは複数の色が配せられることによってひとびとの感情を呼び起こし，その生活に大なり小なり影響を与える．これらを知ることが問題を解決する糸口となるのである．
　本書の前身となる『生活の色彩学』は幸い多くの方にご利用いただいたが，すでに10年の歳月が流れ，いろいろ改めるべき点もでてきており，今回全面的に改訂を試みた．改訂にあたっては，『生活の色彩学』出版以降に話題となったものや，とくに実用的価値のあるものを紹介し，生活の中に色が活用できるように，しかもわかりやすくすることなどを目標とした．
　この改訂版が家政学，生活科学を学ぶ人はもとより，一般のひとびとが活用でき，色彩に興味を抱き，色彩に関係する研究や職業を目指される方々の色彩のテキストとして，これまで以上に各方面でお役に立つことを願ってやまない．

2001年3月

著者一同

目　次

1. **生活と色** ....[加藤雪枝]... 1
   1.1 生活造形の分野 1
   1.2 色彩の視覚作用 2
       a. 安全色彩 2
       b. 配管識別 3
   1.3 色彩の心理・生理学的作用 4
   1.4 色の様相 4

2. **色の生理** ....[石原久代]... 6
   2.1 目の構造と視覚 6
       a. 眼球の構造 6
       b. 視細胞 7
       c. 視覚の生理構造 9
   2.2 色覚異常 10
   2.3 色覚学説 12
       a. ヤング–ヘルムホルツの三原色説 12
       b. ヘリングの反対色説 13
       c. 段階説 15

3. **照明と色** ....[加藤雪枝]...17
   3.1 光と色 17
       a. 光の波長と色名 17
       b. 光の単位 17
   3.2 光　源 20
       a. 色温度 20

　　　　b. 光源の種類 ……………………………………………………20
　　　　c. 標準イルミナント D_{65} と標準光源 D_{65} ……………………21
　　　　d. 照明の量と質 …………………………………………………23
　　3.3　照明と心理 ………………………………………………………26
　　　　a. 照明の快適性 …………………………………………………26
　　　　b. 照明の雰囲気 …………………………………………………26

4. 色の表示 ……………………………………………[中川早苗]…28
　　4.1　色の三属性と色立体 ……………………………………………28
　　　　a. 色　相 …………………………………………………………28
　　　　b. 明　度 …………………………………………………………28
　　　　c. 彩　度 …………………………………………………………29
　　　　d. 色立体 …………………………………………………………29
　　4.2　色名による色の表示 ……………………………………………29
　　　　a. 物体色の色名 …………………………………………………30
　　　　b. 光源色の色名 …………………………………………………35
　　4.3　三属性による色の表示 …………………………………………36
　　　　a. マンセル表色系 ………………………………………………38
　　　　b. オストワルト表色系 …………………………………………40
　　　　c. 日本色研配色体系 ……………………………………………41
　　　　d. NCS 表色系 ……………………………………………………44
　　4.4　三刺激値による色の表示 ………………………………………45
　　　　a. XYZ 表色系 ……………………………………………………46
　　　　b. 均等知覚空間 $L^*a^*b^*$ 表色系 ……………………………………51
　　　　c. 均等知覚空間 $L^*u^*v^*$ 表色系 ……………………………………51

5. 色の調和 ……………………………………………[中川早苗]…53
　　5.1　オストワルトの色彩調和論 ……………………………………53
　　　　a. 無彩色における調和 …………………………………………53
　　　　b. 等色相三角形における調和 …………………………………53

　　　　c. 等価値色環における調和 ……………………………54
　　　　d. 補色対菱形における調和 ……………………………54
　　　　e. 非補色対菱形における調和 …………………………55
　　5.2　ムーン-スペンサーの色彩調和論 ………………………55
　　　　a. 色彩調和における幾何学的区分 ……………………55
　　　　b. 色彩調和における面積 ………………………………56
　　　　c. 色彩調和における美度 ………………………………57
　　5.3　日本色研配色体系の色彩調和論 …………………………58
　　　　a. 色相の調和 ……………………………………………58
　　　　b. トーンの調和 …………………………………………59

6. 色の測定　……………………………………[石原久代]…61
　　6.1　分光視感効率 ………………………………………………61
　　6.2　色の三原色と混合 …………………………………………62
　　　　a. 加法混色 ………………………………………………62
　　　　b. 減法混色 ………………………………………………63
　　6.3　光源の分類 …………………………………………………63
　　　　a. 測色用標準イルミナント ……………………………63
　　　　b. CIE昼光 ………………………………………………66
　　6.4　色の測定方法 ………………………………………………67
　　　　a. 視感測定法 ……………………………………………68
　　　　b. 分光測色方法 …………………………………………69
　　　　c. 刺激値直読方法 ………………………………………73

7. 色の心理的効果　…………………………………[橋本令子]…75
　　7.1　色の知覚 ……………………………………………………76
　　　　a. 明順応・暗順応 ………………………………………76
　　　　b. 色順応 …………………………………………………77
　　　　c. 明るさの恒常性, 色の恒常性 ………………………78
　　　　d. 薄明視 …………………………………………………78

　　　　e. 色彩対比現象 …………………………………………………79
　　　　f. 同化現象 ………………………………………………………80
　　　　g. 色の進出・後退 ………………………………………………81
　　　　h. 色の膨張・収縮 ………………………………………………81
　　　　i. 色の視認性・可読性 …………………………………………82
　　　　j. 主観色 …………………………………………………………83
　　　　k. ベゾルド-ブリュッケ現象 …………………………………84
　　7.2　色の感情 ……………………………………………………………85
　　　　a. 色の寒暖と興奮・沈静 ………………………………………85
　　　　b. 色の軽重感 ……………………………………………………87
　　　　c. 色の派手・地味感 ……………………………………………88
　　　　d. 色の硬軟感 ……………………………………………………88
　　　　e. 色の清濁 ………………………………………………………88
　　7.3　SD 法による色のイメージ ………………………………………88
　　　　a. 単色イメージ …………………………………………………89
　　　　b. 二色配色・多色配色イメージ ………………………………91

8.　色 彩 文 化 ………………………………………………[加藤雪枝]…94
　　8.1　色の連想・色の象徴性 ……………………………………………94
　　8.2　日本の色の美 ………………………………………………………96
　　　　a. 位階の色 ………………………………………………………96
　　　　b. 重色目 …………………………………………………………96
　　　　c. 江戸時代のいき ………………………………………………97
　　　　d. 日本の建築 ……………………………………………………98
　　8.3　西洋の色の美 ………………………………………………………99
　　　　a. キリスト教と色 ………………………………………………99
　　　　b. 紋章の色と意味 ………………………………………………100
　　　　c. ローマ時代のトーガの色 ……………………………………100
　　　　d. 西洋の美的形式原理 …………………………………………101

9. 生活素材と色 ……………………………………………………[寺田純子]… 102
9.1 生活素材と色 ………………………………………………………………102
9.2 着色剤 …………………………………………………………………………103
a. 染　料 ………………………………………………………………………103
b. 顔　料 ………………………………………………………………………107
c. 食品用着色剤 ………………………………………………………………109
d. 化粧用着色剤 ………………………………………………………………109
e. 機能性色素 …………………………………………………………………110
9.3 衣服・インテリア素材の染色 …………………………………………110
a. 染色の種類 …………………………………………………………………111
b. 染色堅牢度 …………………………………………………………………113
c. 染色にかかわる問題 ………………………………………………………113
9.4 プラスチックへの顔料の応用 …………………………………………114

10. 生活における色彩計画 ………………………………………………………117
10.1 生活環境色彩計画の概要 ……………………………………[雨宮　勇]… 117
a. 色彩計画の調査と条件設定 ………………………………………………117
b. カラーコンセプトの設定 …………………………………………………118
c. 色彩計画とプレゼンテーション …………………………………………119
10.2 環境色彩計画の基礎 ………………………………………………………120
a. 周辺環境との調和 …………………………………………………………121
b. わかりやすさへの配慮 ……………………………………………………122
c. 長期的使用への配慮 ………………………………………………………123
10.3 服飾の色彩 ……………………………………………………[加藤雪枝]… 123
a. 服飾の色彩計画 ……………………………………………………………123
b. ライフスタイル表現 ………………………………………………………124
c. 性格と被服のイメージ表現 ………………………………………………125
d. 被服の着装イメージ ………………………………………………………126
e. 配色と技法 …………………………………………………………………131
f. 流行色 ………………………………………………………………………133

　　　　g．パーソナルカラー ……………………………………………135
10.4　食生活と色……………………………………………［高木節子］…138
　　　　a．食べ物と色 ……………………………………………138
　　　　b．器と料理の調和 ………………………………………142
　　　　c．食卓の色彩のイメージ ………………………………148
10.5　インテリアの色彩………………………………………［雨宮　勇］…154
　　　　a．インテリアのイメージ ………………………………154
　　　　b．インテリアの照明 ……………………………………156
　　　　c．インテリアの材料 ……………………………………158
10.6　住生活と色彩……………………………………………［大野庸子］…160
　　　　a．住まいの色彩計画 ……………………………………162
　　　　b．住まいの色彩計画の手順 ……………………………166
　　　　c．和室と洋室 ……………………………………………167
　　　　d．各室の色彩イメージ …………………………………169

付　　表 …………………………………………………………………177
索　　引 …………………………………………………………………183

1 生活と色

　私たちは豊かな太陽光のもとで，美しい色に包まれて生活をしている．これらの色彩は視覚を通して得られる生活の情報でもある．食物が新鮮であるかよく熟しているか，顔色で体調を見るなど色から得る情報である．また色彩は私たちの感情をも支配する力をもっている．美しいものや調和感を常に求める人間の感情が，生活を豊かにしているのである．現在，衣・食・住生活の中にさまざまな色彩の効果を利用しており，色を無視しては現代生活は成り立たないといっても過言ではない．

1.1　生活造形の分野

　人間は常に物質と心の両面より，より美しく，より楽しく，より豊かな生活を目指して努力しながら，生活をしだいに発展させてきた．人間は厳しい自然から，そして美しい自然からさまざまな事柄を学び，多くのひとびとの知恵を重ね，技術を駆使して，いろいろなものを自らの手でつくり，人工の世界を築き，暮らしを豊かにしてきた．そこに潤いや安らぎが生まれ，新しい夢が広がる．この夢こそが新しいものをつくりあげる原動力となり，その繰り返しによって無限の可能性が生まれる．

　日常生活において，一つの夢を実現するために材料を選択し，これを加工し変形して目的に合致した対象物をつくり出す．そのものの目的である機能とそのものを構成している材料ができあがった物の形のなかに統一されて具現化される．このつくり出されたものを造形物といい，つくり出す行為を造形活動という．そして造形活動と造形物を一括して造形という．さらに，それらのものが生活と直接かかわるという意味で生活造形活動とよび，他の造形活動と区別することができる．このようにさまざまなものを対象とした造形計画をデザインという．これ

には，実用目的をもつ造形，美的表現をめざす造形，中間の実用的・美的造形の3つの分野がある．広義のデザインは3つの分野に共通に用いられるが，狭義のデザインは実用性・審美性の両者の要求をもつ造形を対象としている．

谷田[1]は，生活造形の世界をスケールの大きさにしたがってあげるとすれば，地域設計，建築，造園，室内意匠，各種の家具，器具，衣服，織物，書物というように列挙することができるとしている．

1.2　色彩の視覚作用

人間には個人的な生活環境と社会的な環境があり，両者と色彩とのかかわりは大きい．生活環境では色のもつ象徴性や心理性などの視覚的な美的調和の感覚によって個人環境や生活環境を整え，そして自己の感性で色彩環境を充足していく．社会的な環境は自然と人間と社会体系のもとに成立している．

四季折々変化する自然の，配色調和の美しい色彩景観との共存は人間の心理的情緒性を豊かなものとしている．このような自然の美しさを絵画に，陶器に残し伝えてきた．美しい色彩のなかで，文化を築きあげてきたといっても過言ではない．

社会体系の中の色彩に関連する産業は，色彩の理論をもとにした測色，表色，発色，色の合成などを客観的・定量的に扱う．色彩は多くの産業と深くかかわり，生活を豊かに彩る道具や空間を提供している．

また，社会生活の安全性や快適性のために，公共的色彩環境がつくり出される．その色彩は識別性や視認性が重視され，交通信号や道路標識，地下鉄路線など視覚記号情報として重要な役割を担っている．そして調和のある社会的色彩環境が演出される．

a．安全色彩

厳密に企画化されている公共色彩の代表で，色彩の与える心理作用と明確な色の伝達という機能性が要求され，1953年にJIS規格「安全色彩使用通則」として制定されている．安全色彩は基本色として赤，黄赤，黄，緑，青，赤紫，白，黒の8色が選定され，それぞれの色の機能基準が定められている．その内容は表1.1のとおりである．

安全色彩に関しては安全標識，安全色彩蛍光塗料，配管識別，踏切諸施設の色彩，航空標識の色などがJISで規定してある．

1.2 色彩の視覚作用 3

表1.1 安全色彩（日本規格協会編：JISハンドブック 色彩, 1994）

色彩	表示事項：使用箇所の例
赤	① 防火：防火標識，防火警標，配管識別の消火表示，消火栓，消火器，消火ばけつ，火災報知器 ② 禁止：禁止標識，禁止警標，立入禁止，禁止信号旗 ③ 停止：緊急停止ボタン，停止信号旗 ④ 高度の危険：火薬警標および発破警標ならびに火薬類の表示，人体危険物質の小分け容器または使用箇所，とくに危険な路肩の表示（補助色は白）
黄赤	① 危険：危険標識や危険警標，危険表示，スイッチボタンのふたや機械の安全カバー内面，露出歯車の側面，目盛板の危険範囲 ② 航海・航空の保安施設： 救命いかだ，救命具，救命ブイ，水路標識，飛行場用救急車など（補助色は黒）
黄	注意：注意標識，注意警標，クレーン，フォークリフトトラック，構内機関車のバンパー，低いはり，衝突のおそれのある柱，床上の突出物，ピットの縁，階段の踏みづらのふち，電線の防護具，道路上のバリケードなど（補助色は黒）
緑	① 安全：安全旗および安全指導標識（補助色は白） ② 避難：非常口の方向を示す標識，回避所を示す警標および回避所，坑口，非常口を示す標識など ③ 衛生・救護：救急箱，保護具箱，担架，救護所などの位置および方向を示す標識・警標，労働衛生旗および衛生指導標識 ④ 進行：進行信号旗（鉄道踏切のように白を用いることもある，補助色は白）
青	① 指示：保護メガネ着用，ガス測定などを指示する標識の地の色 ② 用心：修理中または運転休止箇所を示す標識，スイッチボックスの外面（補助色は白）
赤紫	放射能：放射性同位元素およびこれに関する廃棄作業室，貯蔵施設，管理区域に設けるさくなど（補助色は白）
白	① 通路：通路の区画線および方向線，誘導標識 ② 整頓：廃品の入れ物
黒	安全標識などの文字，記号，矢印の色に用いるほか，黄赤，黄，白の補助色として用いる．誘導標識の矢印，注意標識のしま模様，危険標識の文字など

b. 配管識別

　化学工場の構内に入ると多くの配管が目立つ．管系統を作業員に識別しやすくし，危険を防止するためにできたものが配管識別である．配管の色彩は，青が水，暗い赤が蒸気，白は空気，黄色はガス，灰紫は酸またはアルカリ，暗い黄赤は油，うすい黄赤は電気を表している．そして，管の弁や継手などの箇所に彩色したり札をかけて表示される．

1.3　色彩の心理・生理学的作用

　色彩には人間の感情を動かすはたらきがある．色彩に対する反応は個人によって異なるが一般的な傾向が示されている．たとえば，赤色光で血圧は高まり，青色光では血圧が下がるといわれている．これを証明するために赤い部屋と青い部屋をつくり血圧，脈拍，体温の変化が測定された．赤い部屋では脈拍に顕著な増加が見られ，青い部屋では減少を示した．しかし体温の変化は見られなかったという[2]．

　色光を刺激として与え，脳波を測定しα波の出現状態を調べた[3]．α波（8〜13 Hz）は覚醒安静時の主な成分といわれ，青，青紫，紫，赤紫に出現量が多く，赤，黄赤，黄に出現量が少ない．また，自律神経のはたらきの指標となる心拍スペクトルの解析を行った結果，交感神経側に傾いてストレスを感じさせる色は赤，黄赤，黄であり，ストレスを感じさせない色は青，青紫，紫であるといえる．

　色は人間の生理・心理にはたらきかけ，精神を安定させたり，緊張や不安をやわらげるはたらきをしている．

1.4　色の様相

　色は色相，明度，彩度などのちがいによって分類できる．このほかにも色の現れ方，すなわち様相に注目して分類したのはカッツ（Katz）である．同じ青でも布の青，インクの青，青色のガラスとその様相は異なってくる．色の様相の種類をつぎのようにあげている．

① 面色：青空やスペクトルの色のように，距離感が不確定でやわらかい感じの現れ方である．衝立に小穴をあけ，小穴を満たす色が面色である．また別名を開口色ともいい，光学器械の色の現れ方である．

② 表面色：色紙の色や物体の色である．表面はかたく，距離は確定的である．色と明るさの恒常性が成立する．物体色ともいわれる

③ 透明面色：色ガラスや回転中の扇風機の羽根を通して他の物体を見るとき，物体の色は定位の確立した表面色に見えるが，色ガラスや回転中の扇風機の羽根の色は定位の不確かな面色で透明に見える．これを透明面色という．

④ 透明表面色：両眼で印刷物を見るときに片眼の前に手をおくと，手のはし

を通して本の印刷された文字が見える．その際，手の色は定位をもつ表面色でかつ透明に見える．これを透明表面色という．

　⑤ 空間色：ガラス器のなかの着色液体や寒天のように3次元の空間を満たしている色である．

　⑥ 鏡映色：磨かれた床や水面に他の対象物が映っている場合の対象の色である．鏡に映った場合は表面色となる．

　⑦ 光沢：対象の表面の上またはその前方に現れる．通常，表面色に囲まれ，それより明るい部分に現れる．

　⑧ 光源色：光源や発光体の色のように自ら光を発しているような見え方である．月のように反射光でも光源色の様相を呈しているものもある．　　［**加藤雪枝**］

文　　献

1) 谷田閲次：生活造形の美学，光生館，1984.
2) 野村順一：色彩生命論，p.96，住宅新報社，1996.
3) 大森正子，橋本令子，加藤雪枝：色彩刺激に対する心理的評価と生理反応評価に関する研究，日本色彩学会誌，**24**，50-51，2000.

2 色の生理

　人間は外界から刺激を受け，それに反応して行動している．光が眼に入ることによって，物体の形，色，明暗，物体の動き，遠近などが総合されて知覚され，私たちを安全に導いてきた．そして現在の文明を築くうえで大きなはたらきをしてきたといえる．

2.1 目の構造と視覚

　光が眼に入ってからどのような経路をたどって脳に伝達され，色情報として認識されるかについて概説する．

a. 眼球の構造

　人間の眼球は直径約24 mmのほぼ球形をしている．人間の右眼球の水平断面図を図2.1に示す．眼球の外壁は3層の膜からできている．もっとも外側にある

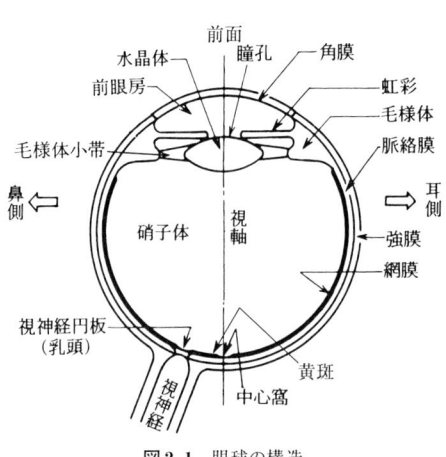

図2.1　眼球の構造

強膜は，内部を保護するかたい白色不透明な膜で，眼球の大部分を包み，眼球前面の約 1/6 は無色透明な角膜で包まれている．強膜の前面の一部は私たちが外側から眼を見た場合，一般に白目とよんでいる部分にあたる．その内側に脈絡膜という血管を含んだ層があり，前方で毛様体，虹彩につながっている．毛様体には毛様体筋があり，毛様体小帯という細い線維で水晶体をつっている．この毛様体筋のはたらきによって水晶体の厚みを調節し，網膜上に的確な像を結ぶことができる．

虹彩は円盤状の遮光膜で，人種によって色は異なるが，私たちが一般によく黒目とよんでいる部分にあたる．その中心の光を通す穴を瞳孔という．瞳孔の大きさは虹彩の伸縮によって変化し，もっとも閉じたときと開いたときの面積比は約 1：16 であり，水晶体に入る光量を調節している．眼球内部の硝子体はゲル状の透明な物質であり，眼球全体の 60％ を占めている．

外界からの光は角膜，前眼房，瞳孔，水晶体，硝子体を通過したのち，網膜の外層にある視細胞に達する．網膜の中心には直径が 3 mm くらいの横長楕円形の黄斑という部分がある．この黄斑の中心には外径 1.5 mm ほどのくぼんだ部分があり，中心窩（か）とよばれる．

b. 視細胞

図 2.2 に示すように，網膜のもっとも外側には錐状体（rod）と桿（かん）状体（cone）と呼ばれる 2 種類の視細胞がある．この視細胞は光の波長と光の強さに応答する．

錐状体は，その感光部分が円錐形をしていることからそのようによばれ，明るいところではたらき，色の識別，形の明瞭さに関与している．図 2.3 に示すように錐状体は網膜の中心部の視角（物体が目に対して張る角度）2°以内の中心窩の範囲に密集し，周辺にいくほどその数は少なくなる．錐状体の数は約 650 万個といわれている．

一方，桿状体は感光部が円柱形をしており，その形状から桿状体とよばれ，光の明暗のみを感知することが判明している．桿状体の数は約 1 億 2000 万個といわれており，中心窩から鼻側の視角にして 15〜17°の範囲にはまったく存在しないで，視角 20°あたりにもっとも多く存在している．

錐状体の突端（外節）には視物質があり，イオドプシン（iodopsin）とよばれ

図2.2　人間の網膜の構造
C：錐状体，R：桿状体，H：水平細胞，B：双極細胞，A：アマクリン細胞，G：神経節細胞

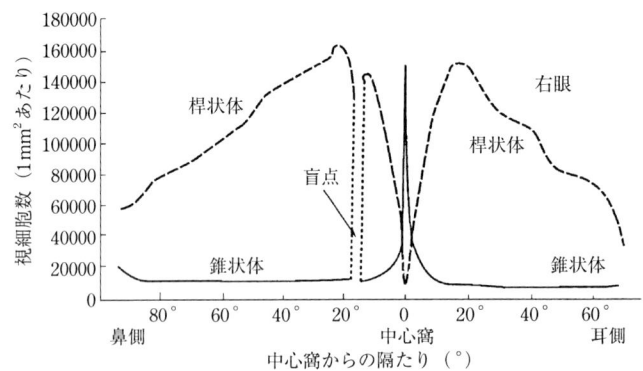

図2.3　網膜上の錐状体と桿状体の分布（Osterberg, 1935）

る色素がある．イオドプシンに関するメカニズムは完全に解明されているわけではないが，現時点では，異なる長さの波長にもっとも高い感度を示す3種類があることが判明している．この波長の長さから，L錐状体，M錐状体，S錐状体ともいわれている．また，感度の高い波長域が赤，緑，青に分かれることからR錐状体，G錐状体，B錐状体ともよばれる．

一方，桿状体には視物質ロドプシン（rhodopsin）が含まれていることが明らかにされている．ロドプシンは光に当たると分解して白くなり，光がなくなると再合成される．この分解過程でロドプシンは弱い電位を発生し，これが光の明暗の感覚として中枢神経に伝達されると考えられる．

c. 視覚の生理構造

3種類の錐状体視細胞で受け取られた赤，緑，青の色信号が脳に運ばれていく経路は，個々に独立したものではない．錐状体視細胞を起源とする色信号は，網膜内神経回路の動作によって，赤―緑，青―黄という反対色型の信号に変換される．この変換は錐状体視細胞と網膜内二次ニューロン（神経細胞）である水平細胞との間で行われている．水平細胞は三色型色応答を反対色型色応答に変換する役割を果たしていると考えられる．

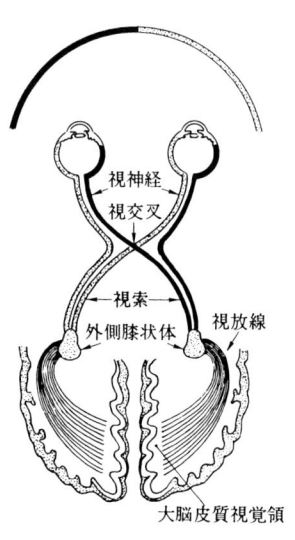

図2.4　視覚伝達経路

このような反対色型色応答は双極細胞を経由して神経節細胞へ送られていく．中心窩より10～15°鼻側には視神経線維（神経節細胞の軸索）が集まって，視神経乳頭を形成している．視神経乳頭には，視細胞がまったく存在しないので光を電気信号に変えることができないため，盲点とよばれている．

図2.4に示すように網膜の耳側と鼻側の両側から線維は頭蓋に入り，耳側からきた線維は交差せず，鼻側からの線維は交差する．片眼の耳側からの線維と対眼の鼻側からの線維は交わり，視索を通り，外側膝状体の細胞に連絡する．最終的には後頭部の大脳皮質視覚領に達する．この視覚領には1億以上の細胞があり，両眼視機能はここで形成されると考えられている．

2.2 色覚異常

私たちが任意の色と等色を行う場合，通常はR錐状体，G錐状体，B錐状体とよばれている3種類の錐状体が必要である．このような色覚を有する場合を三色型色覚とよぶ．これら3種類の錐状体のうち1種類が欠損している色覚を二色型色覚，錐状体が1種類しかないか，または桿状体しか存在しない場合を一色型色覚といい，図2.5に示すように，色覚は大きく3種に分けられる．

また，三色型色覚は正常三色型と異常三色型とに分けられ，異常三色型は一般に色弱とよばれている．さらに，異常三色型は錐状体における異常色素のちがい

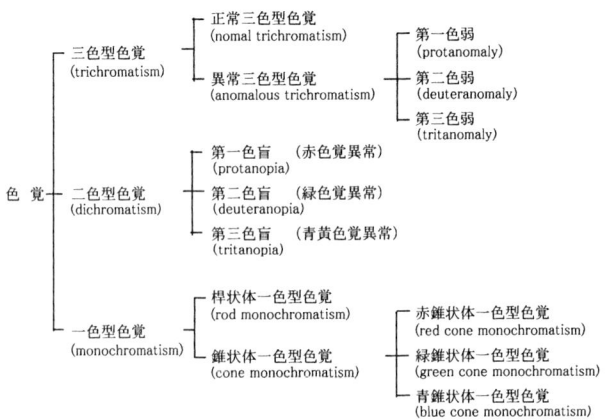

図2.5　色覚の分類

により第一色弱（赤色弱），第二色弱（緑色弱），第三色弱（青黄色弱）に分けられる．

二色型色覚は錐状体の1種類が欠損しており，その欠損している種類により第一色盲（赤色覚異常），第二色盲（緑色覚異常），第三色盲（青黄色覚異常）に分けられる．この中で類型の同じ第一色盲と第一色弱を第一色覚異常（protan），第二色盲と第二色弱を第二色覚異常（deutan），第三色盲と第三色弱を第三色覚異常（tritan）とよぶ．色覚が正常な人は各波長において2 nm程度の差があれば，色の弁別が可能であるといわれているが，第一色覚異常（赤色覚異常）は500 nm付近で正常者に比べ，弁別するのに2倍程度の波長差が必要である．さらに，それより長波長域になると感度の低下がいちじるしくなり，530 nmより長波長になると赤錐状体がないために弁別ができない．第二色覚異常も第一色覚異常に比較的波長弁別域が似ている．第三色覚異常は400 nmと570 nm付近での弁別特性は正常者に似ているが，そこから離れると弁別しにくくなる．しかし，まったく弁別ができない範囲は他の色覚異常に比べて比較的せまい．

表2.1に二色型，三色型色覚異常の発生率を示した．色覚異常の出現率は型によって大きく異なっており，第一色覚異常，第二色覚異常に比べて第三色覚異常の発生率は非常に少ない．先天的な色覚異常は遺伝によって生じ，遺伝子のX染色体の異常によることが判明している．このX染色体での異常が色覚異常の原因であるために，女性の色覚異常の出現率は男性に比べて非常に少ない．しかし，色覚は正常であるにもかかわらず，色覚異常を起こす遺伝子のキャリヤーとなることもある．

桿状体一色型色覚は，正常な錐状体が存在しないで桿状体だけが存在する色覚で，典型的全色盲とよばれている．また桿状体一色型色覚の出現率には男女差がほとんどない．錐状体一色型色覚は，桿状体以外に1種類の錐状体だけが存在す

表2.1 二色型，三色型色覚異常の発生比率

	二色型		三色型	
	男	女	男	女
第一異常	1.00	0.02	1.00	0.02
第二異常	1.10	0.01	4.90	0.38
第三異常	0.0001	0.0000	0.0001	0.0000

第一異常・男を1.0としたときの割合．

る色覚で桿状体一色型色覚と同じように色の弁別が不可能であり，すべて白から灰色・黒といった無彩色で知覚される．また，桿状体一色型色覚の典型的全色盲に対して，錐状体一色型色覚は非典型的全色盲とよばれることもある．

色覚異常の検査には表面色を用いた検査法と色光を用いた検査法がある．表面色を用いた検査として，正常者には異なった色に見えるものが色覚異常者には同じ色に見えるという現象を利用した仮性同色表がある．

仮性同色表による検査法には先天的色覚異常の検出として世界的に有名な石原式総合色覚異常検査表がある．この検査表は，

① 色覚正常者でも異常者でも読める表，
② 正常者と異常者で異なって読む表，
③ 正常者のみ読めて異常者が読めない表，
④ 正常者が読みにくく異常者が読める表，
⑤ 第一色覚異常と第二色覚異常，赤緑色弱を区別する表，

の5種類からできている．

色光を用いた検査法にはアノマロスコープがある．アノマロスコープは，546 nm の緑と 671 nm の赤の光量を変化させ混合した視野と，589 nm の黄の明るさのみ変化させた単色視野を等色させ，両者の等色点を見つけ，その等色値によって色覚の正常・異常と類型，程度を検査するものである．

2.3 色覚学説

人間が色のちがいを識別する感覚を色覚というが，色覚がどのようにして生ずるかについての学説は，古くから多くの説があり，長い間それぞれの問題点について論争が続けられ今日に至っている．これら人間が色をどのようにして見ているか，その仕組に関する学説を色覚学説という．ここでは，近代以降の色覚学説の代表的なものを取りあげて紹介する．

a. ヤング-ヘルムホルツの三原色説

この説は，すべての色は色光の三原色である赤（R），緑（G），青（B）の加法混色によってつくることができるということを色覚におきかえたものであり，1801年にイギリスのヤング（Young）が仮説として発表し，その後，1868年にドイツのヘルムホルツ（Helmholtz）が完成させたため，両者の名前をとってヤ

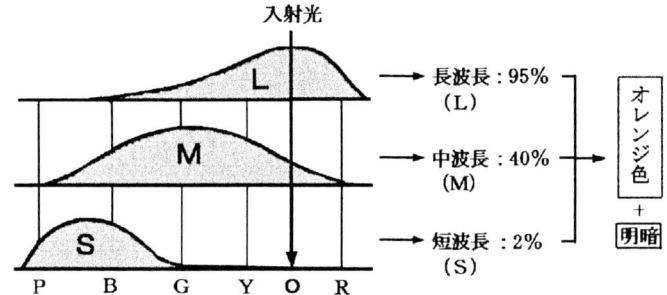

図2.6 ヘルムホルツの三原色説の基本メカニズム(オレンジ色を知覚する場合)

ング-ヘルムホルツの三原色説とよばれる．

この説によれば，人間の視覚システムには，R，G，Bの三原色に対応する感覚神経機構があり，これがそれぞれ長波長，中波長，短波長の光を受けると興奮する．そしてこの興奮量によって人間は色を知覚しているというものである．

図2.6にヘルムホルツの三原色説で仮定された基本メカニズムを示したが，3種類の感覚メカニズムはそれぞれ長波長，中波長，短波長に対して反応する．ある入射光が眼に入ると，その光の波長に応じて，感覚神経機構は独立に応答を行う．この神経応答の割合によってどの波長の光が入力したか判断するもので，図に示したような長波長（L），中波長（M），短波長（S）のそれぞれがどのくらいの割合かがわかれば，入力波長は定まる．

たとえば，オレンジ色についてみると，加法混色では，赤色光と緑色光を同量で混色すると黄になるが，赤の量がやや強いとオレンジ色になる．これと同様に，オレンジ色を感じている場合には，長波長のL（赤）に対する刺激と中波長のM（緑）に対する刺激が混合され，そのうち長波長に対する刺激がやや強いためオレンジ色に見えるというものである．

また，これら長波長(L)，中波長（M），短波長（S）に対応する刺激が同時に強く刺激された場合には白を感じ，ほとんど刺激されない場合には黒に見える．

b. ヘリングの反対色説

ヤング-ヘルムホルツの三原色説は混色の理論にもとづいており，完成度が高い理論であるといえるが，実際の色の知覚についてみると，黄色の知覚に関して，

この説では説明できない点がある．ヤング-ヘルムホルツの三原色説によれば，黄色は，赤に関する刺激と緑に関する刺激の応答の結果から判断される色ということになるが，私たちは黄色を見ても，そこに赤と緑の存在を感じとることができない．もし，赤，緑，青に関する3種の神経機構がそれぞれの色について独立に応答するならば，たとえば緑みの赤といった色を感じることもできるはずである．しかし，実際にはそのような色は知覚されない．

こうした矛盾点に着目したのがドイツの生理・心理学者ヘリング (Hering) である．彼は，3種の錐状体の存在は認めているが，それは赤，緑，青に関する3種の神経機構ではなく，赤，黄，緑，青の4色を心理的な原色とし，一つはこの中で反対色として同時には知覚できない赤―緑，別の一つは青―黄，そして残りの一つは白―黒に反応するものと考えた．この説によれば，赤を知覚する場合は緑を知覚することはなく，同じように黄色を知覚する時には青は知覚しないということになるので，緑みの赤や黄みの青を私たちが感じないことを説明できる．

また，これら4種の反対色以外の色は同時に同じ場所に存在できるとした．たとえば，黄緑色には黄と緑が同時に存在しており，同様に紫には赤と青が同時に存在しているといった具合である．こうした観点から，彼は物体色を図2.7のように表している．図中の赤，黄，緑，青は心理四原色であり，赤から黄に至る間は，赤の成分が徐々に減り，逆に黄の成分が増えてくる．同様に他の原色間も原色2色が徐々に成分を増減する形とした．その上で色の明るさに関する情報を白または黒を感じる受容器が与えるとしたのである．このメカニズムを図2.8に示した．たとえば，先と同じオレンジ色では，受容器Aは赤 (R)―緑 (G)，受容

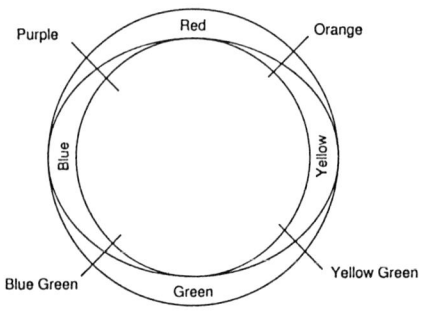

図2.7　ヘリングのカラーサークル

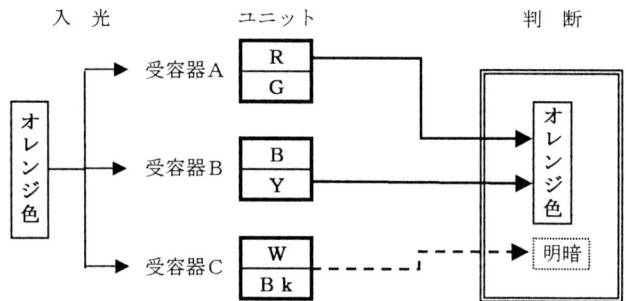

図2.8 ヘリングの色信号の基本メカニズム（オレンジ色を知覚する場合）

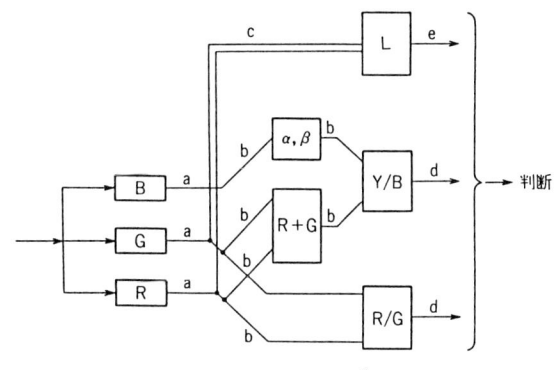

図2.9 段階説の例[5]

器Bは青（B）―黄（Y），受容器Cを白（W）―黒（BK）とした場合，受容器Aからは赤の信号が，Bからは黄の信号が出され，それが脳で混色されてオレンジ色に見え，明るいオレンジ色の場合には受容器Cからその色の明度に応じた強さの信号が出されるとした．また，受容器A，Bから何の信号も出ない場合は，白，灰色，黒などの無彩色に見えるということである．このようにヘリングの反対色説は，私たちの知覚現象をよく説明できるが，白―黒については矛盾点がある．彼の説によれば，赤―緑，青―黄と同じように白と黒とは同時には存在しないものとしているが，私たちは灰色の知覚には，白と黒の存在を同時に感じとることができる．この点から考えれば完全なモデルとはいいがたい．

c. 段階説

現在では，生理学の発達により網膜視細胞の解明が進み，ヤングとヘルムホル

ツが仮定した赤，緑，青に対応する3種の錐状体の存在が明らかになったことから，私たちの色覚はヤング-ヘルムホルツの説とヘリングの説を組み合わせた機構が備わっていると考えられており，このモデルを段階説とよんでいる．

段階説についてはガス（Guth）やボイントン（Boynton）をはじめとした多くのモデルが展開されているが，ここではウォルレイヴン-ブーマン（Walraven-Bouman）のモデルを図2.9に示した．赤，緑，青の3種の錐状体に光が入力し，R・Gの反応からR/Gユニットへいくとともに，Yが計算され，Bとの反応からY/Bユニットへと伝達される．また，RとGの錐状体はL（明暗）ユニットへも入力され，これら3ユニットにより色が知覚される． ［石原久代］

文　献

1) Osterberg, G.：Acta Ophalmologica, *Kbh., Suppl.*, **61**, 1935.
2) 金子章道：神経伝達物質の研究から明らかになった段階説の神経機構，日本色彩学会講演要旨，1989.
3) 川上元郎他編：色彩の事典，朝倉書店，1991.
4) 日本色彩研究所：色彩ワンポイント1 色の見えるしくみ，日本規格協会，1993.
5) Walraven, P. L. and Bouman, M. A.：*Vision Research*, **6**, 1966.

3 照明と色

3.1 光 と 色

日常,私たちは太陽が昇り,沈むというリズムに合わせて行動している.光が眼に入り,それが網膜の視細胞によって生じた神経刺激が大脳に伝達されて視覚活動をしている.この光という語は以下に示すいろいろな意味に用いられている.

① 視感覚に関係のない物理量である放射を意味する場合,

② 光の中の可視光線を問題とし,色知覚を生起させる心理量を意味する場合,

③ 光の物理的概念と心理的概念を対応させた心理物理量である光束,輝度などの測光量を意味する場合,

などである.

a. 光の波長と色名

光は現代の物理学では粒子としての性格と電磁波としての性格を合わせもっている.電磁波にはX線や電波なども含まれるが,その差異は波長が異なることである.色覚を起こす波長範囲は380〜780 nmであり,波長の単位を基準に考えると図3.1に示すようである.この範囲を可視光線と呼び,太陽光などの白色光の成分を知ることができる装置である分光器に光を入れて,そのスペクトルを見るとどのような単色光から成立しているかを知ることができる.太陽光では赤,橙,黄,緑,青,紫の光に分かれる.この色の配列がスペクトルである.スペクトル光の波長と色名との関係には,観察条件などの相違による個人差があるが,表3.1のようである.

b. 光の単位

1) 放射エネルギーと放射束　放射エネルギーは電磁波あるいは粒子の形によって放出または伝搬されるエネルギーで記号はQ_eで表し,単位はJ(ジュール)

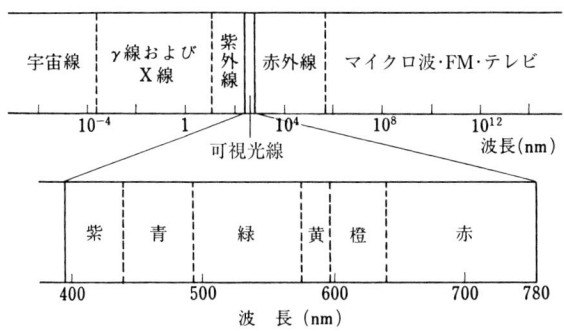

図3.1　放射エネルギーのスペクトル

表3.1　色名と波長

色　　名	波長 (nm)
red	700
reddish-orange	620
orange	598
yellowish-orange	589
yellow	577
greenish-yellow	566
green	512
blue-green	495
blue	472
purplish-blue	439
purple	380

である.

　放射束は単位時間当たりに放出，伝搬または入射するエネルギーであり，ϕ_e で表す.

$$\phi_e = dQ_e / dt$$

単位はW（ワット）．ともに物理量である．

　2）測光量　　単色光の物理量であるエネルギーが等しい場合でも，その波長によって明るさの感じ方は一様ではなく，波長555 nmの黄緑色の光をもっとも明るく感じ，これを中心にして波長の長短にかかわらず減少していく．これは網膜上の視細胞である錐状体が十分機能を発揮した場合であり，これを分光視感効率（または比視感度）とよぶ（図3.2）．いわゆる明所視である．放射エネルギー

3.1 光と色

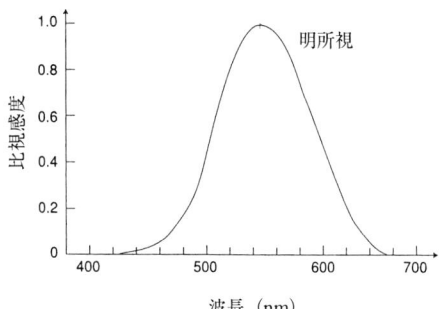

図3.2 CIE標準分光視感効率（比視感度曲線）

という物理量から光束などの測光量を導くためには，国際照明委員会（CIE；Commission Internationale de l'Eclairage）で決められた分光視感効率 $V(\lambda)$ が用いられている．測光量は目の判断にもとづいた尺度である．

① 光束：放射束 $\phi_e(\lambda)$ を分光視感効率 $V(\lambda)$ によって評価したものであり，ϕ_v で表される．

$$\phi_v = K_m \int \phi_e(\lambda) V(\lambda) \, d\lambda$$

単位は lm（ルーメン）．ここに，λ：波長，K_m：最大視感度 683 lm / W．

② 光度：点光源からある方向の微小な立体角 $d\Omega$ 内の光束 $d\phi_v$ をその立体角で割った値であり，I_v で表される．

$$I_v = d\phi v / d\Omega$$

単位は cd（カンデラ）（cd = lm / sr）．ここに sr（ステラジアン）：立体角の単位．

③ 輝度：光源面からある方向（θ）への光度 dI_v をその方向への光源の正射影面積 dA で割った値であり，L_v で表される．

$$L_v = dI / dA\cos\theta$$

単位は nt（ニト）（nt = cd / m^2）．

④ 照度：微小平面 dA に入射する光束 $d\phi v$ をその面の面積で割った値であり，E_v で表す．

$$E_v = d\phi v / dA$$

単位は lx（ルクス）（lx = lm / m^2）．

3.2 光源

a. 色温度

白熱電球の光の色は赤みを帯びた色に，水銀灯の光は青みがかった光に見える．光源色は光源から直接目に入って知覚される色である．光源色は通常色刺激値で表すが，色度での一致度を用いて色温度（単位はK：ケルビン）で表す．しかし，色温度で表せる色光の色は厳密には完全放射体軌跡上のものだけであるが，一般照明用光源では完全放射体軌跡上の色度の一致で表せないので，完全放射体軌跡に直交する直線の等温度線にそって温度を読み取り，色温度とする．このような色温度を相関色温度という．図3.3に示す．

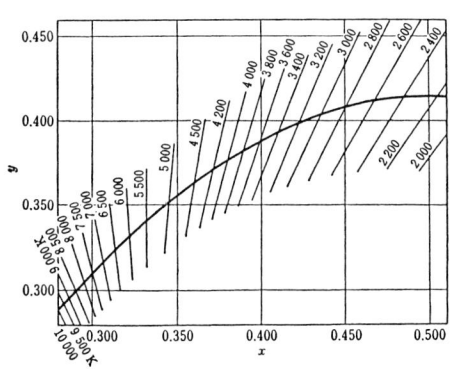

図3.3 xy色度図における相関色温度線

b. 光源の種類

現在，一般に使用している照明用の光源には，白熱電球とハロゲンランプ，蛍光ランプ，HIDランプ（高輝度放電ランプ）などがある．白熱電球は加熱したタングステンフィラメントの温度によって性質の定まる熱放射である．蛍光ランプは熱陰極低圧水銀ランプの一種で，放電により発生する水銀スペクトルの紫外線により，ガラス管内面に塗布されている蛍光体を励起して発光させたものである．蛍光体の種類を変えることにより光の色の異なる蛍光ランプを作ることができ，その種類は多い．現在わが国では，JIS（日本工業規格）によって電球色（L：2600〜3150 K），温白色（WW：3200〜3700 K），白色（W：3900〜4500 K），昼

白色（N：4600〜5400 K），昼光色（D：5700〜7100 K）の5種類に分けている．これらの色光をCIE色度図に入れて区分すると図3.4に示すようである．HIDランプには水銀ランプ，蛍光水銀ランプ，メタルハライドランプ，高圧ナトリウムランプなどがある．これらの光源の分光分布の一例を図3.5に示す．

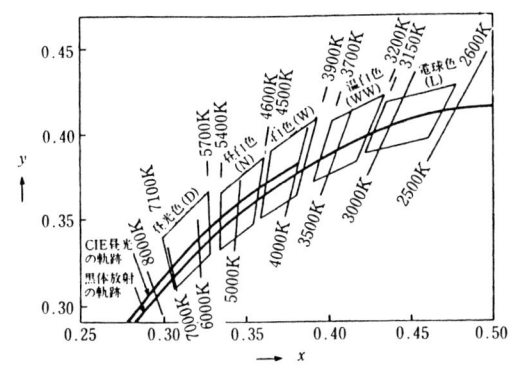

図3.4 一般照明用蛍光ランプの光源色の色度範囲（JIS Z 9112）

c. 標準イルミナント D_{65} と標準光源 D_{65}

昼光は曇天と晴天，朝と夕方など時々刻々と変化し，その分光エネルギーはたえず変化している．この照明光の分光エネルギーが変わればその色の分光特性は変化するが，見え方はあまり変化しない．これは，人間には色の恒常性や色順応があるからである．

色の観察にあたっては，JIS Z 8720「測色用標準イルミナント」に規定する標準イルミナント D_{65} に相対分光分布が近似する標準光源 D_{65} を使用するとしている．標準イルミナント D_{65} は，色温度が約6500ケルビン（K）の紫外線を含む平均的な昼光を意味し，日の出3時間後から日の入り3時間前までの北窓昼光にもとづいている．先に述べたように自然昼光は変化が大きいので，国際照明委員会（CIE）は多くの自然光の分光エネルギー分布を実測して主成分分析や統計的手法で処理し，それぞれの色温度における測色用として標準化した昼光の相対分光分布を規定している．これをCIE昼光と呼称する．またどのような状況の自然光をもその色度を知ることができれば，その分光エネルギー分布を計算によって求めることができる．現在，標準イルミナント D_{65} に相当する光源は存在していな

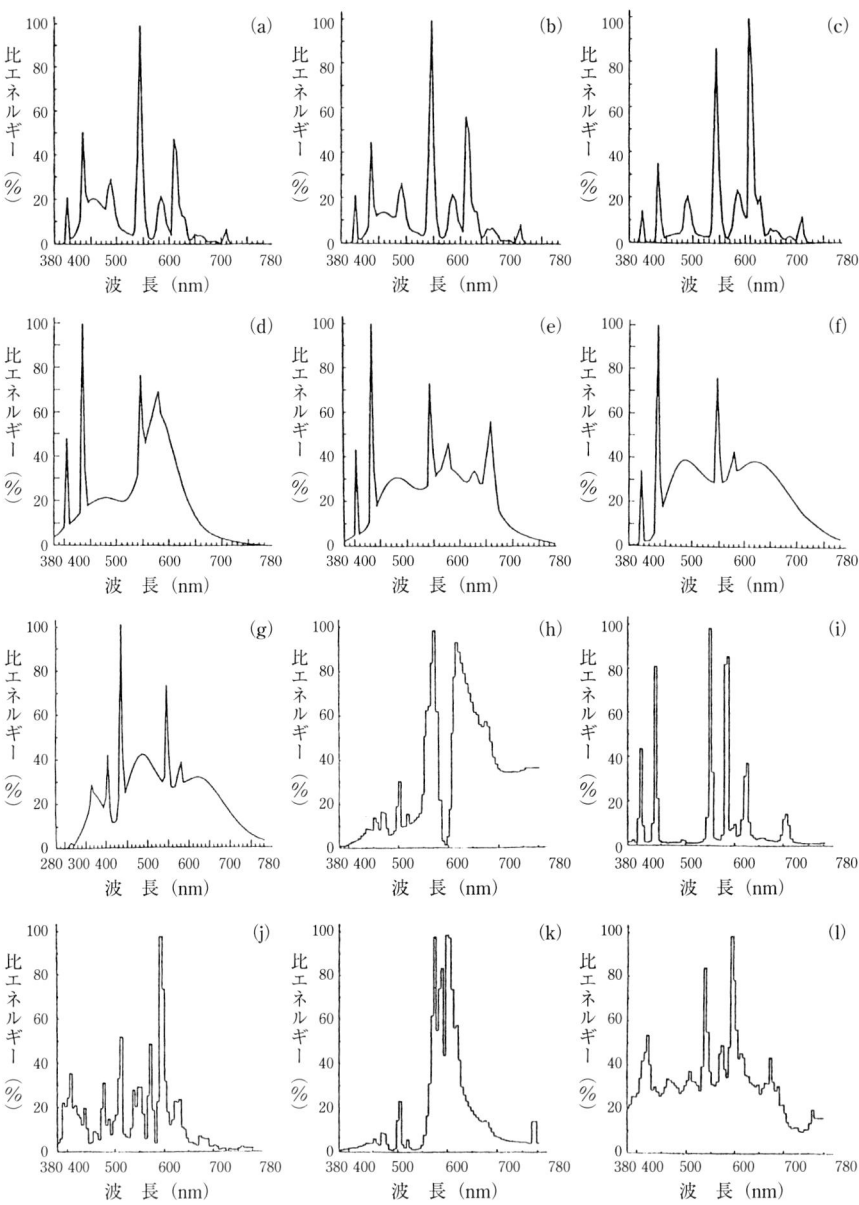

図3.5 各種ランプの分光分布
(a) 3波長域発生形昼光色(EX-D), (b) 3波長域発光形昼白色(EX-N), (c) 3波長域発光形電球色(EX-L), (d) 白色(W), (e) 演色AA形昼光色(N-SDL), (f) 演色AAA形昼白色(N-EDL), (g) 演色AAA形昼光色(D-EDL-D$_{65}$), (h) 高演色形高圧ナトリウムランプ, (i) 蛍光高圧水銀ランプ, (j) メタルハライドランプ, (k) 高圧ナトリウムランプ, (l) 高演色形メタルハライドランプ.

いのが現状であり，これに準ずる標準光源 D_{65} を用いてもよいことにしている．標準イルミナント D_{65} の分光エネルギー分布と標準光源 D_{65}[1] を図3.6に示す．

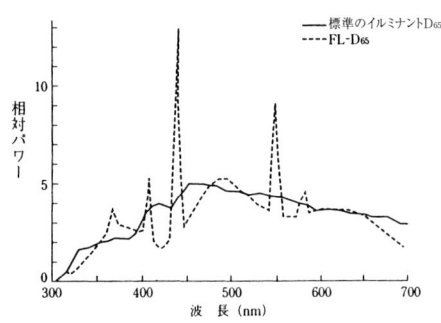

図3.6 標準イルミナント D_{65} 用の標準光源蛍光ランプの分光分布

d. 照明の量と質

照明とは光を人の生活，活動に役立たせることを目的として光を応用することである．良好な視作業性と視環境の快適性の向上という目標を同時に満たし，加えて，それを経済的に得る配慮が必要である．一般的な場面における照明の要件は，照明の明るさ（照度）と演色性である．

1) 作業の種類と照度　　明るさ（照度）とものの見やすさ（視力）とは関係があり，明るいほど，ものをはっきりと見ることができる．必要な照度はそれぞれの条件で異なるが，色のもつ調子や色，柄を鮮明に認識するには 500 lx 以上，色の少ない差異を見分けるには，1000 lx 以上が必要である．しかし，照明する対象やそこで行われる作業の種類や程度などによって必要な照度は異なってくる．その目安として，国際照明委員会（CIE）の「室内照度ガイド」に推奨する照度レベル[2] を表3.2に示す．

色票をある照明条件下で見たとき，他の観察条件を変えることなく，その照度のみを上げると，知覚される色票の鮮やかさは高くなる．これはハント（Hunt）効果である．

2) 演色性と演色評価数　　照明光を物体に照明したとき，物体の色がどの程度正しく本来の色に見えるかをその照明光の演色性という．本来の色とは昼間の自然光のもとで見たときの色をさす．演色評価数は蛍光灯などの放電灯の光に

表3.2 屋内の推奨照度

分類	推奨照度(lx)	作業の型
(a) あまり使用しない場所あるいは単純な見え方が必要とされる場所の照明	20 30 50 70 100 150 200	…周辺の暗い公共場所 …短時間出入りする際の方向づけ …連続的には使用しない作業室（例：倉庫，エントランスホール）
(b) 作業室の全般照明	300 500 750 1000 1500 2000	…限定された条件の視作業（例：粗な機械作業，講義室） …普通の視作業（例：普通の機械作業，事務所） …特別な視作業（例：彫刻，織物工場の検査）
(c) 精密な視作業の付加照明	3000 5000 7500 10000 15000 20000	…きわめて長時間の精密視作業（例：細かい回路や時計組み立て） …例外的に精密な作業（例：極微電子部品組み立て） …きわめて特別な作業（例：外科手術）

よる演色性を評価することを目的とした指数といえる．

　演色評価数は，15種類の試料色を用いる．No. 1〜8は，8色相の灰みの色票（マンセル明度/彩度で6/4〜6/8），No. 9〜12は赤，黄，緑，青の純色，No. 13, No. 14は肌色，木の葉の色，そしてNo. 15は，日本人女性の肌色の分光反射率（分光放射輝度率）で定義し，これを基準光と試料光源とで照明したときの演色のずれから試料光源演色性を表示する数値を求める方法を意味する．演色のずれとは演色による色刺激のずれに色順応による色の見えの変化に相当する色刺激値の変化の予測を加えたものである．基準光は，試料光源と等しい相関色温度に応じて決める．相関色温度が5000 K未満の場合はそれに等しい黒体放射を用いる．ただし，JISによる場合で，4600 K以上の昼白色蛍光ランプを試料光源とする場合はその相関色温度のCIE昼光を用いる．相関色温度が5000 K以上の場合はそれに等しいCIE昼光を用いる．照明したときの色の見え方とを比較し，その色のずれの程度を数値化して個々の特殊演色評価数R_i（$i=1〜15$）とし，特殊演色評価数$R_1〜R_8$の平均値を平均演色評価数R_aとして表す．当然，基準光と同等の

演色性は評価数100である．個々の試験色iについての演色ずれΔEから（1）式によって得られる指数R_iを特殊演色評価数，特定の8種の特殊演色評価数の平均値を平均演色評価数R_aと定義する．ΔEの計算にはCIE XYZ系均等色空間座標1964年のCIE LUVを用いている．

$$R_i = 100 - 4.6\, \Delta E \qquad (1)$$

$$R_a = 1/8 \sum_{i=1}^{8} R_i \qquad (2)$$

代表的なランプの演色評価数[3]を表3.3に示す．

美術館や色物をあつかうところでは高演色性ランプが必要である．このランプの光源や演色性区分については演色A，演色AA，演色AAAと規定され，Aの数が多くなるほど高演色性になる．演色Aには昼白色（N-DL），白色（W-DL）温白色（WW-DL）があり，演色AAは昼光色（D-SDL），昼白色（N-SDL），白色（W-SDL），温白色（WW-SDL）がある．演色AAAは昼白色（N-EDL），

表3.3 代表的なランプの演色評価数（東芝ライテック製品値）

ランプの種類		形 名	相関色温度(K)	R_a	R_9	R_{10}	R_{11}	R_{12}	R_{13}	R_{14}	R_{15}
蛍光ランプ	昼光色	FL40S・D	6500	74	−55	58	64	72	70	94	57
	昼白色	FL40S・N	5000	72	−65	49	56	61	66	94	53
	白 色	FL40S・W	4200	61	−101	36	40	44	56	93	41
	温白色	FL40S・WW	3500	60	−110	28	20	30	49	92	35
	三波長域発光形(5色発光形)										
	昼光色	FL40SS・EX-D-H	6700	88	50	60	76	70	97	76	97
	昼白色	FL40SS・EX-N-H	5000	88	45	62	78	72	97	75	97
	電球色	FL40SS・EX-L-H	3000	88	12	73	90	77	89	75	96
	高演色形（演色AAA）										
	色比較・検査用 D_{65}昼光色	FL40S・D-EDL-D_{65}	6500	98	95	94	98	90	98	98	98
	色評価用純正色 昼白色	FL40S・N-EDL	5000	99	99	99	97	98	99	99	99
	美術・博物館用 電球色	FLR40S・LEDL.NU/M	3000	95	93	90	95	90	97	95	97
HIDランプ	メタルハライドランプ										
	高効率形（拡散形）	MF400・L-J	3800	70	−105	83	71	88	75	89	42
	高演色形（陽光ランプ）	D400	4600	90	73	77	87	79	89	94	90
	両口金形（HQIランプ）	HQI-TS150W/NDL	4300	85	8	80	92	88	91	97	71
	高圧ナトリウムランプ										
	高効率形（Lタイプ）	NH360・L	2050	25	−181	43	−34	27	21	73	7
	高演色形	NH400SDL	2500	85	81	68	62	60	86	87	89
	蛍光水銀ランプ	HF400X	3900	40	−117	−13	6	−13	32	80	27

白色（W-EDL），電球色（L-EDL）がある．

演色評価数は定められた試験色票の色のずれの程度を数値化したもので，色再現の好ましさや色のずれの方向などを表していない．たとえば，顔の色は本来の色よりもやや赤みを帯びている方がいきいきとして見え，少しでも黄みや緑みにずれると顔色が悪いと評価される．

3.3 照明と心理

a. 照明の快適性

CIEでは光源色の色の感じを色温度5000 K以上を涼しいとし，3300～5000 Kを中間，3300 K以下を暖かいとしている．図3.7は光源の色温度と照度との関連で見た目に快適な領域を2つの波線内の白で囲まれた部分で示している．たとえば，100～300 lxでは黄色がかった色の白熱電球2800 Kが快適であることを示す．500 lx以上の高照度では光源の色は白ないし青白味の涼しい色の蛍光ランプ4000～6000 Kにすると快適である．すなわち，人工照明の場合，色温度の高い光源ほど高い照度で用いないと快適な照明にならず，反対に色温度の低い光源は低い照度で用いるのに適していることが明らかである．

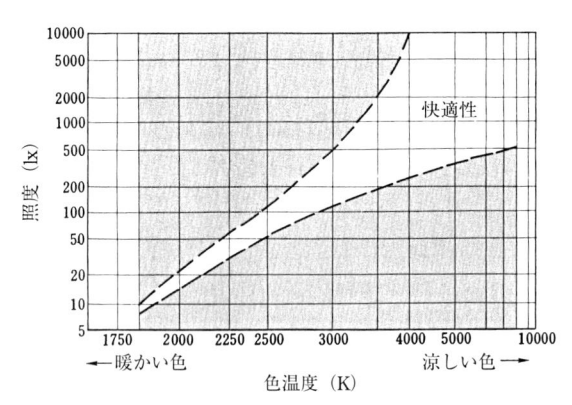

図3.7 色温度と照度よりみた快適性

b. 照明の雰囲気[4]

照明の心理的雰囲気に与える作用について，直接照明，白熱電球および蛍光ラ

ンプ,照度レベルなどの実験条件を変化させて調べ,照明条件が室内雰囲気を醸成する作用をつぎのように述べている.

① 高照度は活動的に作用するが反面ムード性を弱める.

② 低照度は全体の感情にマイナスとなるが,ダウンライトやフロアスタンドを付設して照度を高めると,気分安定性やムード性を高める.

③ 間接照明は直接照明よりも,気分安定性やムード性の感情を高める作用を与える.

④ 白熱電球は蛍光ランプよりも気分安定性やムード性の感情にプラスとなる.

⑤ 洋間の照明としては,白熱電球による間接照明と付属照明を設置し,希望する気分に応じた使い方をするのがもっとも適切である. ［加藤雪枝］

文　献

1) 東芝ライテック,技術資料,東芝色比較用 D65 ランプ.
2) 照明学会編:屋内照明のガイド,電気書院,1978.
3) 東芝ライテック,LIGHTING 照明設計資料.
4) 長町三生他:生活科学のための人間工学,朝倉書店, p. 21, p. 264, 1989.

4 色の表示

　色の表示方法には，大きく分けて色名による方法，色の三属性による方法，三刺激値による方法の3つがある．

　色名，つまり色に名前をつけて表す方法は，もっとも一般的でわかりやすく，日常的によく用いられている方法である．しかし，生活を取り巻く無数の色すべてに名前をつけて表すということは容易ではないため，一般には色がもっている属性や色刺激をもとに記号や数値で体系的に表す方法，表色系が考案されている．

　表色系には，物体表面の色知覚を色の三属性に与えた記号や数字によって表す方法と，色を心理物理量とみなし，色刺激の特性に与えた数値によって表す方法があり，一般に前者を顕色系，後者を混色系の表色系という．

4.1 色の三属性と色立体

　私たちの生活を取り巻くあらゆる物の色は，大別すると赤，黄，緑，青など色みのある有彩色（chromatic color）と，白，灰色，黒などのような色みのない無彩色（achromatic color）に分けることができる．有彩色は，色相，明度，彩度の3つの独立した属性（色の三属性）から成るが，無彩色は明度のみから成る．

a. 色　相

　色相（hue）は，赤，黄，緑，青，紫などのように色の質の相違，色みを表す属性で，色を系統的によく似た順にならべ，これに赤紫の系列を加えて循環移行するとふたたび赤へもどる色相の輪ができる．この環状の配列を色相環（hue circle）といい，一般に純色で表される．

b. 明　度

　明度（value）は，色の相対的な明暗，明るさの度合いを表す属性で，物体表

面の反射率の高低によって決まる．無彩色の白がもっとも明るく，黒がもっとも暗く，その間に明るさの少しずつ異なる灰色を連続的に配列することができる．このような明るさのちがいは，たとえば同じ赤系統の色でもピンク色は明るく，えんじ色は暗い，といったように有彩色にもある．

c. 彩　度

彩度（chroma）は，色みの強さやあざやかさの度合いを表す属性で，同一色相の色のなかでもっとも彩度の高い色を純色という．この純色に無彩色を混ぜるとにごった色になり彩度が低くなる．

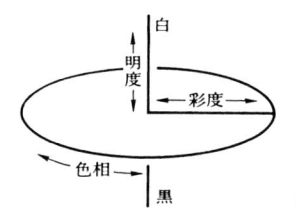

図 4.1　色立体

d. 色立体

色の三属性，つまり色相，明度，彩度を三次元の立体で表現したものを色立体（color solid）という．図 4.1 に示すように明度を垂直軸に，その周囲に色相を，明度から色相への水平軸に彩度をとると，あらゆる色はこの立体のなかのどこかに位置づけられることになる．

4.2　色名による色の表示

私たちは，小さいころから身の周りにあるさまざまな物の色を表現するのに，クレヨンや絵具の色につけられているような赤や黄，橙，青といった色の名前（色名）を用いている．そして，赤といえば太陽やリンゴの赤を，黄色といえばレモンやバナナの黄色を，といったように，これらの色の名前からは誰もがだいたい同じような色を連想することができる．このように色名によって色を伝達したり表示する方法は，誰もが手軽に利用でき便利なため実用的にはもっとも多く用いられている．しかし色名は，言葉から発達した色の種類の表現手段なので，時代によっても地域によっても異なり，また同じ色でもちがった名前がつけられ

たり，ちがった色でも同じ名前でよばれたりといったようにまちまちで，色を正確に伝達したり表示したりするには無理がある．日常生活で用いるには不自由でなくても，商品企画や商品発注などでは混乱が生じるため，産業界では一つの色には一つの名前しか与えないという方針で，日ごろよく使用されている色名についてJIS（日本工業規格）で，物体色の色名JIS Z 8102と光源色の色名JIS Z 8110に分けてつぎのように制定している．

a. 物体色の色名

JISでは，適用範囲を鉱工業製品の物体色の色名のうち，とくに表面色の色名に限っており，透過色についてはこれを準用してもよいとして，つぎのような系統色名と慣用色名に分けて制定している．また，JISではこれらの制定に準拠した色見本「JIS色名帳」を発行している．

1) 系統色名　JISではあらゆる色を系統的に分類して表現できるようにした色名を系統色名と定義し，表4.1に示すように，有彩色の基本色名については赤，黄赤，黄，黄緑，緑，青緑，青，青紫，紫，赤紫の10色を，無彩色の基本色名については表4.2に示すように白，灰色，黒の3色を用いるとしている．なお，有彩色の基本色名は，色相名として用いるとし，図4.2に示すような相互関係で

表4.1 有彩色の基本色名

基本色名*	読み方	対応英語	略号
赤	あか	red	R
黄赤	きあか	yellow red, orange	YR, O
黄**	き	yellow	Y
黄緑	きみどり	yellow green	YG
緑	みどり	green	G
青緑	あおみどり	blue green	BG
青	あお	blue	B
青紫	あおむらさき	purple blue, violet	PB, V
紫	むらさき	purple	P
赤紫	あかむらさき	red purple	RP

*：有彩色の基本色名は，色相名として用いる．その色相の相互関係を，図4.2に示す．

**：黄の読み方は「きい」，また，基本色名を黄色「きいろ」としてもよい．

4.2 色名による色の表示

表 4.2 無彩色の基本色名

基本色名	読み方	対応英語	略号
白	しろ	white	Wt
灰色	はいいろ	grey（英），gray（米）	Gy
黒	くろ	blak	Bk

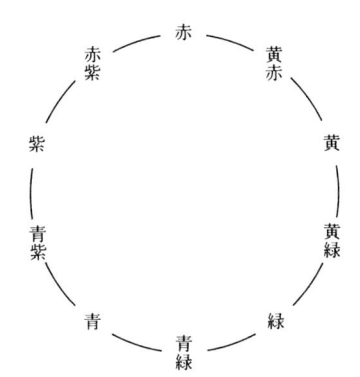

図 4.2 色相の相互関係

表 4.3 有彩色の明度・彩度に関する修飾語

修飾語	読み方	対応英語	略号
（ごく）あざやかな*		vivid	vv
明るい	あかるい	light	lt
つよい		strong	st
こい		deep	dp
うすい		pale	pl
やわらかい		soft	sf
くすんだ		dull	dl
暗い	くらい	dark	dk
ごくうすい		very pale	vp
明るい灰みの	あかるいはいみの	light greyish（英），light grayish（米）	lg
灰みの	はいみの	greyish（英），grayish（米）	mg**
暗い灰みの	くらいはいみの	dark greyish（英），dark grayish（米）	dg
ごく暗い	ごくくらい	very dark	vd

*：（ ）内の「ごく」の修飾語は省略してもよい．
**：mg は medium grey の略である．

表4.4 無彩色の明度に関する修飾語

修飾語	読み方	対応英語	略号
うすい		pale	pl
明るい	あかるい	light	lt
中位の*	ちゅういの	medium	md
暗い	くらい	dark	dk

*：混同するおそれのない場合は,「中位の」の修飾語を省略してもよい．

	無彩色		有彩色			
	無彩色	色みを帯びた無彩色				
明度 ↑	白 Wt	△みの白 △ - Wt	ごくうすい〜 vp - 〜			
	うすい灰色 plGy	△みのうすい灰色 △ - plGy		うすい〜 pl - 〜		
	明るい灰色 ltGy	△みの明るい灰色 △ - ltGy	明るい灰みの〜 lg - 〜	やわらかい〜 sf - 〜	明るい lt - 〜	
	中位の灰色 mdGy	△みの中位の灰色 △ - mdGy	灰みの〜 mg - 〜	くすんだ〜 dl - 〜	つよい〜 st - 〜	あざやかな〜 vv - 〜
	暗い灰色 dkGy	△みの暗い灰色 △ - dkGy	暗い灰みの dg - 〜	暗い〜 dk - 〜	こい〜 dp - 〜	
	黒 BK	△みの黒 △ - BK	ごく暗い〜 vd - 〜			

→彩 度

図4.3 無彩色の明度ならびに有彩色の明度および彩度の相互関係

有彩色の〜印は，表4.1に示す基本色名を表す．色みを帯びた無彩色の△印は，表4.1に示す基本色名に接尾語の「み」を付して，色相を示す無彩色の基幹語を表す．
用語の口調を整えるために，例に示すように「うすい〜」については "い" を，「灰みの〜」については "みの" を省略することができる（例：うす赤，うす緑，うす青，うす紫，灰赤，灰緑，灰紫）．

表している．また基本色名に用いる修飾語についても，有彩色の明度と彩度に関する修飾語については表4.3に示すものを，無彩色の明度に関する修飾語は灰色について表4.4に示すものを用いるとし，白・黒は修飾語をつけないで用いるとしている．無彩色の明度ならびに有彩色の明度・彩度の相互関係を図4.3に示す．
色相に関して細分する必要がある場合は，表4.5に示す修飾語を用いるとしてい

4.2 色名による色の表示

表 4.5 色相に関する修飾語

修飾語	読み方	適用する基本色名	対応英語	略号
赤みの	あかみの	紫, 黄, 白, 灰色, 黒	reddish	r
黄みの	きみの	赤, 緑, 白, 灰色, 黒	yellowish	y
緑みの	みどりみの	黄, 青, 白, 灰色, 黒	greenish	g
青みの	あおみの	緑, 紫, 白, 灰色, 黒	bluish	b
紫みの	むらさきみの	青, 赤, 白, 灰色, 黒	purplish	p

例：紫みの強い赤（st-pR），明るい緑みの黄（lt-gY），赤みの白（rWt），青みの黒（bBk）．

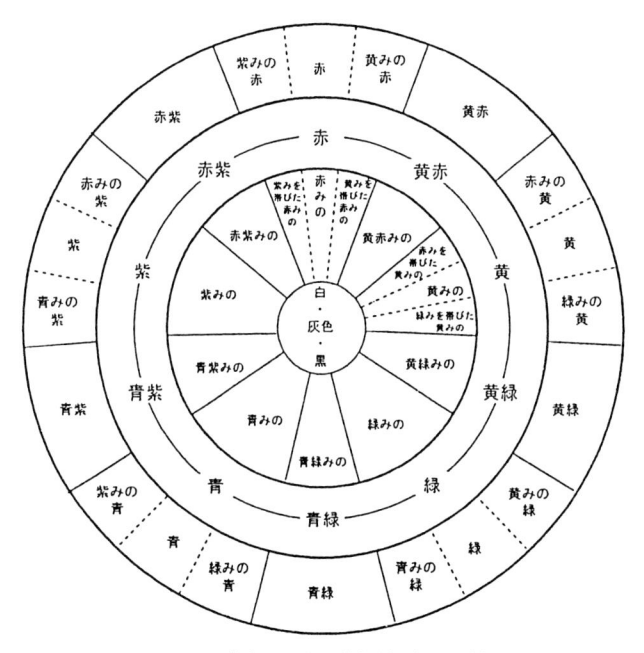

図 4.4 色相に関する修飾語の相互関係

る．図4.4は色相に関する修飾語の相互関係を示したものである．また，色の三属性による表示と系統色名との関係についても図4.5に示すような付図で表している．日ごろ用いている慣用色名にくらべると聞きなれない色名も多いが，ごく基本的なルールを知れば，広く，多くの人々にあらゆる色の種類を伝え合うことができる．

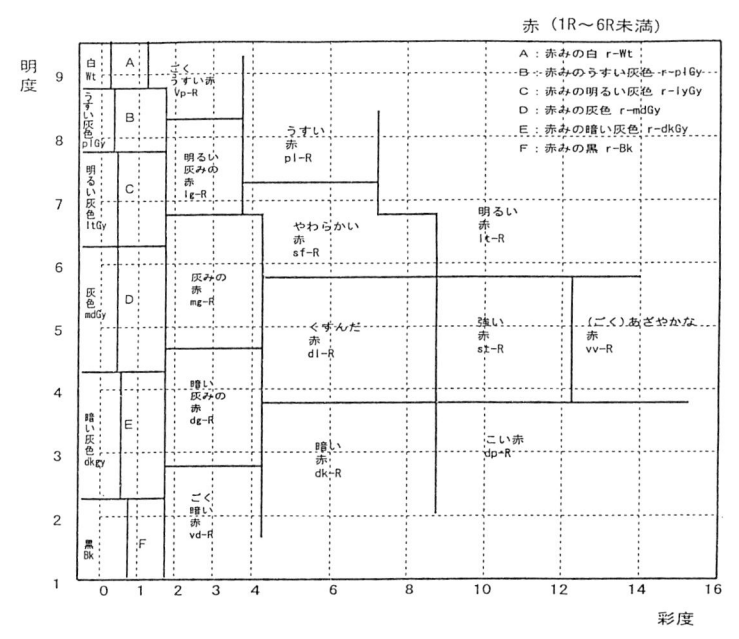

図4.5 色の三属性による表示と系統色名の関係

2) **慣用色名** 古くから生活のなかで用いられてきた色名で，うぐいす色，ねずみ色，桃色，桜色，レモン色といったように動物や植物などの色からその名をとったものや，藍色，紅色，茜色，群青，コバルトグリーンといったように染料や顔料などからとったものなどさまざまで，時代や地域によって色名が異なったり，はやりすたりもあるため，合理的な系統色名にくらべて全体として系統性に欠けるが，長い年月慣用されてきたもっとも身近な色名であり，誰もが手っ取りばやくすぐに該当する色を連想することができる．このような慣用色名の中には，伝統色名とよばれるその国固有の色彩文化を代表する色名が多く含まれている．JISでは慣用的なよび方で表した色名を慣用色名と定義し，系統色名で表しにくい場合に用いてもよいとして，色名1（日本語名）147色，色名2（英語名）122色，計269色の慣用色名を採用し，それぞれ系統色名・代表的な色記号（修正マンセル記号）と対応させている（巻末付表参照）．また，慣用色名において必要がある場合は，明るいピンク，暗い茶色といったように，系統色名に示した

修飾語を用いてもよいとしている．

b. 光源色の色名

JISでは，ろうそくの炎や白熱電球，蛍光ランプ，ネオンなどのような光源や照明器具から発する光の色を表すのに用いる色名についても，系統色名と慣用色名に分けて制定している．

1) **系統色名**　系統色名については，表4.6に示す赤から赤紫までの10色にピンクと白を加えた12色を基本色名とし，色名を細分するときには表4.7に示すような修飾語をつけて黄みの白，鮮やかな赤といったように用いるとしている．図4.6は色度図における系統色名の一般的な色度区分を示したもので，実線は基本色名のおおよその区分を，破線は修飾語を用いる場合のおおよその区分を示している．

表4.6　光源色の基本色名

基本色名	読み方	基本色名	読み方
赤	あか	青	あお
黄赤	きあか	青紫	あおむらさき
黄	き	紫	むらさき
黄緑	きみどり	赤紫	あかむらさき
緑	みどり	ピンク	
青緑	あおみどり	白	しろ

表4.7　光源色の基本色名に用いる修飾語

修飾語	読み方	適用する基本色名
黄みの	きみの	白
緑みの	みどりみの	白
青みの	あおみの	白
紫みの	むらさきみの	白，ピンク
オレンジ		ピンク
うす(い)[1]		黄赤，黄，黄緑，青緑，青，青紫，紫，赤，ピンク
鮮やかな[2]	あざやかな	赤，黄赤，黄，黄緑，緑，青緑，青，青紫，紫，赤紫

注 1) （　）内の文字は省略してもよい．
　　2) 純度が高い色であることを強調するための修飾語．

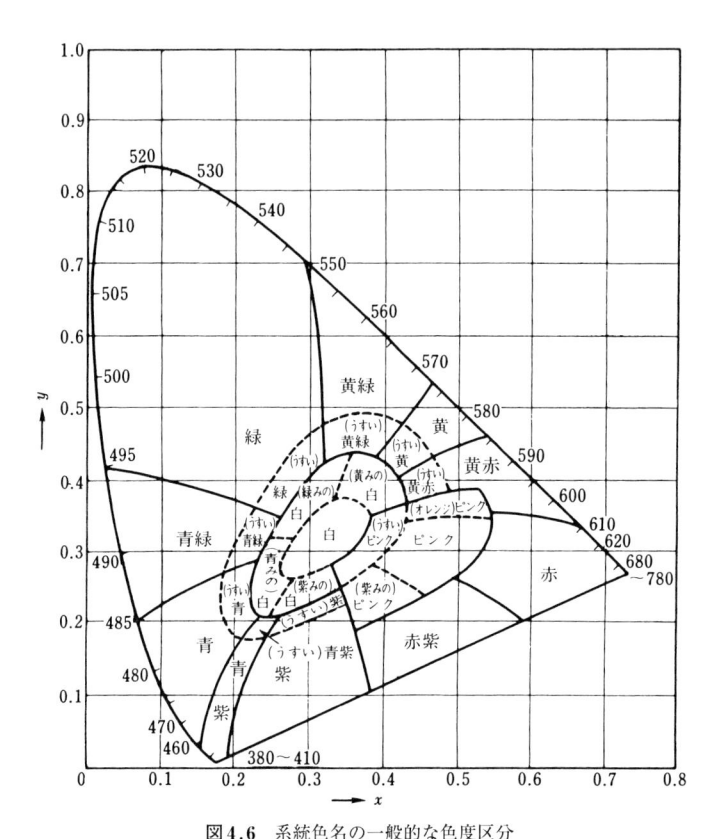

図 4.6 系統色名の一般的な色度区分
x, y は JIS Z 8701（XYZ 表色系および $X_{10}Y_{10}Z_{10}$ 表色系による色の表示方法）による XYZ 表色系の色度座標を示す．

2) **慣用色名** 光源色の慣用色名については，表 4.8 に示すような色名を用いるとしている．

4.3 三属性による色の表示

色みや明るさ，あざやかさのちがいから人が識別できる色の数はおよそ 700 万とも 800 万ともいわれており，これらの色すべてに名前をつけて表すことはほとんど不可能に近い．また，より正確に色を伝達したり表示するには色名では無理がある．このため，色を体系的に表示する方法，表色系が考案されている．その一つが色の三属性に記号や数字を与えて表示する方法である．この方法は，あら

4.3 三属性による色の表示

表4.8 光源色の慣用色名

慣用色名	読み方	慣用色名	読み方
(1) 無彩色の色名		(4) 特にあざやかなことを示す色名	
白色	はくしょく	純赤色	じゅんせきしょく
(2) 有彩色の色名		純黄色	じゅんおうしょく
赤色	せきしょく[2] あかいろ[3]	純緑色	じゅんりょくしょく
		純青色	じゅんせいしょく
黄色	おうしょく[2] きいろ	純紫色	じゅんせきしょく
緑色	りょくしょく[2] みどりいろ[3]	(5) 白色を細分化して示す色名	
		電球色[6]	でんきゅうしょく
青色	せいしょく[2] あおいろ[3]	温白色[6]	おんぱくしょく
		白色（狭義の）[6]	はくしょく
紫色	むらさきいろ[3]	昼白色[6]	ちゅうはくしょく
オレンジ（色）[1,4]	おれんじ（いろ）	昼光色[6]	ちゅうこうしょく
だいだい（色）[1,4]	だいだい（いろ）	月光色[7]	げっこうしょく
黄緑色	おうりょくしょく	昼光白色[8]	ちゅうこうはくしょく
青緑色	せいりょくしょく	(6) その他の色名[10]	
(3) 特にうすいことを示す色名		紅赤色[8]	べにあかいろ
桃色[5]	ももいろ	もえ黄色[8]	もえきいろ
黄白色	おうはくしょく	アンバー（色）[1,9]	あんばー（いろ）
緑白色	りょくはくしょく		
青白色	せいはくしょく		

注 1) ( ) 内の文字は省略してもよい．
2) 音読みは，主として"赤色光"，"緑色発光ダイオード"，"青色蛍光体"のように活用する場合に用いる．
3) 単独で用いるときは主として訓読みとするが，その場合は"いろ"を付けず，系統色名によるのが望ましい．
4) 系統色名の黄赤にほぼ相当する．
5) 系統色名のピンクにほぼ相当する．
6) JIS Z 9112（蛍光ランプの光源色及び演色性による区分）参照
7) JIS E 3303（鉄道信号保安用灯器のレンズ，フィルタ，反射鏡及びセミシールドユニット）参照
8) JIS C 7615（ネオン管）参照
9) JIS D 5500（自動車用ランプ類）参照
10) この区分に示した色名は，物体色の色名［JIS Z 8102（色名）参照］から転用され，慣用されているものである．

かじめ用意した多数の色票を色知覚の三属性にしたがって配列し，色の見えが等歩度になるように調整したのち，それぞれの属性に尺度値をつけて物体の色を表示する方法で，代表的なものにマンセル表色系，オストワルト表色系，日本色研

配色体系，NCS（natural color system）表色系がある．

a．マンセル表色系

マンセル表色系（Munsell color system）は，アメリカの美術教師マンセル（Munsell）によって1905年に考案されたシステムで，Munsell Book of Colorは色の三属性である色相，明度，彩度にもとづいて多くの色を系統的に配列したものである．しかし，今日では1943年にアメリカ光学会の測色委員会で修正が加えられた，修正マンセル表色系が，もっとも科学的な表色系として一般に広く用いられている．わが国でもJIS Z 8721（1977）で，物体表面色の表記法として採用され，これに準拠した色票が「標準色票」として出版されている．

このシステムは，物体色を色の三属性によって3次元空間の一点に位置づけ，しかも3つの座標軸上で知覚的に等歩度になるように尺度化し目盛りを定めたもので，分割が10進法になっていること，CIE表色系との対応関係がとれていることなどから広く用いられている．

色相については，図4.7に示すようにR（赤），Y（黄），G（緑），B（青），P（紫）の主要5色相を円周上に等間隔に配列し，さらにその中間に黄赤（YR），黄緑（GY），青緑（BG），青紫（PB），赤紫（RP）を配して計10色相に分割している．細かく区分するときは各色相をさらに10分割し全部で100色相になるように分割している．また，各色相には1～10までの番号をつけ，5番目がその色相を代表する色になるように配列し，それぞれ対向する位置にある色とはほぼ

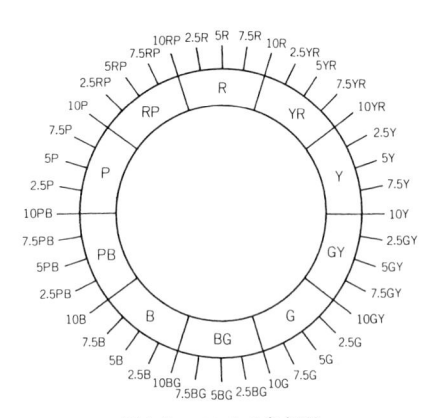

図4.7 マンセル色相環

補色関係（2つの色を混ぜ合わせると無彩色になる色の組合わせ）になるように位置づけている．図4.8は色相断面を示したものである．

明度については，理想の黒を0，理想の白を10としてその間を知覚的に明るさの変化が等間隔になるように9個の灰色を入れて11段階に分割している．しかし，理想の黒や白は色票では表しえないため，実際には1から9までの9段階に番号をつけneutralの頭文字NをつけN5のように表している．有彩色については，それと等しい明るさの灰色の明度で表している．

彩度については無彩色を0とし，色みの増加が知覚的に等間隔になるように段階的に分割し，記号をつけて表しているが，もっとも彩度の高い純色は色相によって記号が異なるため，色立体は図4.9に示すように複雑な形になっており，樹の形を連想させるため色の樹（color-tree）とよばれている．色の表示はマンセル記号 HV/C（色相，明度/彩度）で表し，たとえば5R4/14は純色の赤を，5B4/8は純色の青を示す．また，これらの記号から，その色を色票の上で見ることができる．

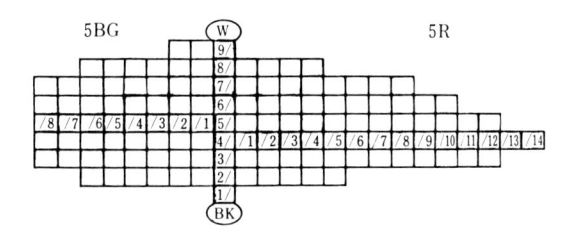

図4.8 マンセル色相断面

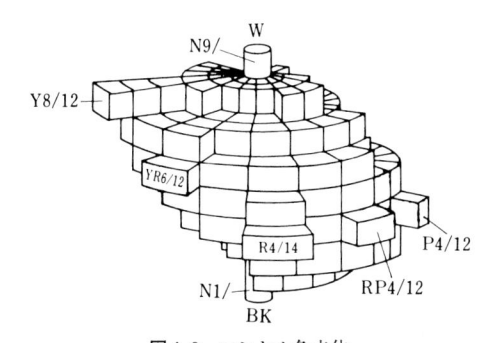

図4.9 マンセル色立体

b. オストワルト表色系

オストワルト表色系（Ostwald color system）は，ドイツの化学者オストワルト（Ostwald）によって1923年に考案されたシステムで，すべての物体色は白と黒と純色を混色することによって成り立つとし，白色量（W）+黒色量（B）+純色量（C）=100の関係にもとづいて，混色量に記号と数値を与えることによってすべての色を表そうとするものである．

色相については，図4.10に示すようにヘリング（Hering）の四原色説にもとづいて，黄，青紫，赤，青緑の4色を円周の4等分上にそれぞれ補色どうしが向かい合うように配置し，その中間に橙，青，紫，黄緑を配置している．これら8色相の基本色をさらに3つに細分して，オストワルト色相環と称する計24色相を定め1～24までの番号をつけている．対向する位置にある色相は物理補色の関係にある．

明度については無彩色の明度を8段階とし，各段階に知覚的な等歩度性をもたせるために視感反射率が対数尺度上で等間隔になるように分割し，表4.9に示すように，それぞれにa，c，e，g，i，l，n，pの記号をつけて白と黒の割合を示

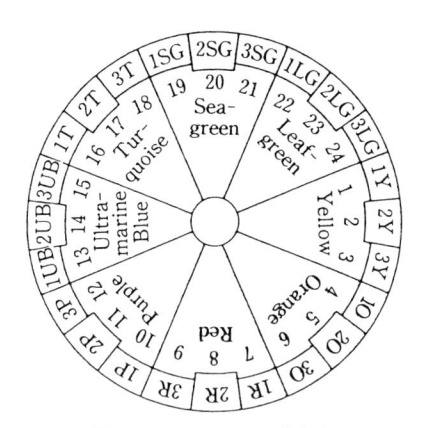

図4.10 オストワルト色相環

表4.9 オストワルト明度段階

記号	a	c	e	g	i	l	n	p
白量	89	56	35	22	14	8.9	5.6	3.5
黒量	11	44	65	78	86	91.1	94.4	96.5

している．aがもっとも明るい白，pがもっとも暗い黒を表し，その間に6段階の灰色がある．

彩度については，マンセル表色系と多少異なり，彩度に相当するオストワルト純度で体系づけている．つまり，明度段階を垂直軸とし，これを一辺とする正三角形をつくって，その頂点に各色相の色票としての純色を配している．この三角形が等色相三角形で図4.11のように28個に分割し，それぞれに記号をつけ，その色票に含まれる白色量・黒色量を示している．たとえば，gaという記号は，gが白色量で22％，aが黒色量で11％で，そのなかに含まれる純色の量は100 − 22 − 11 = 67％となる．また色票の純色はpaであるから，白色量はpで3.5％，黒色量はaで11％，したがって理論上の純色量は100 − 3.5 − 11 = 85.5％ということになる．各色相の同一記号の色は白色量・黒色量・純色量が等しく等価値色という．

色立体は，このような等色相三角形を明度段階の垂直軸を中心に回転することによってできる図4.12に示すような複円錐体をしており，円錐の外周に純色がおかれている．色の表示は，色相番号に白色量記号，黒色量記号をつけて表すことになる．たとえば，20 pgは色相は20の緑で，白色量はpの3.5％，黒色量はgの78％，緑の量は100 − 3.5 − 78 = 18.5％の色となる．

c. 日本色研配色体系

日本色研配色体系（PCCS；Practical Color Co-ordinate System）は，日本色彩研究所が1964年に発表したシステムで，マンセルやオストワルトシステムの

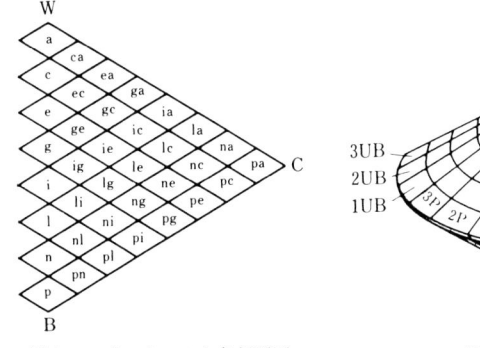

図4.11　オストワルト色相断面 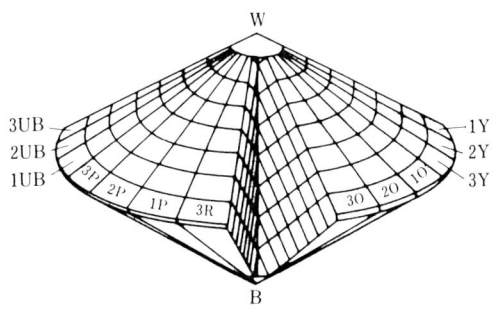　　　　図4.12　オストワルト色立体

長所を取り入れて，実際の配色面で使いやすいように工夫されているため，アパレル関係での配色計画や色彩調査などに広く用いられている．

　色相については，図4.13に示すように色光と色料の三原色に近い6色相を基本色に，12色相，24色相，48色相と分割している．12色相では，心理四原色である赤，黄，緑，青の基本色相がそのなかに含まれており，色相分割の歩度がほぼ知覚的に等差になっている．また，色相環上の対向位置にある色相が心理補色になるように分割している．色相環の外側には，各色相で一番純色に近いさえた調子（ビビッドトーン）の色を代表色として選び，環状に配列している．色相の表示は，色相名，あるいは色相記号，または番号で表す．図4.14は色相断面を示したものである．

　明度については，修正マンセル表色系と同じスケールにもとづいており，物体色で出しうるもっとも明るい白を9.5とし，もっとも暗い黒を1.0として，明るさの差が知覚的に等歩度になるように5段階，9段階および17段階に分割している．有彩色の明度はすべて無彩色の明度記号を用いている．

　彩度についてはオストワルト表色系の等価値性を考慮に入れて，各色相の基準色を選び，それらと同明度の無彩色との間を，知覚的に等歩度の段階になるように5段階，9段階に分割しており，各色相とも高彩度の色（純色）までの彩度段階数は同じにそろえているが，純色の明度は色相によって異なる．彩度の表示はS（saturation；飽和度）をつけて表す．

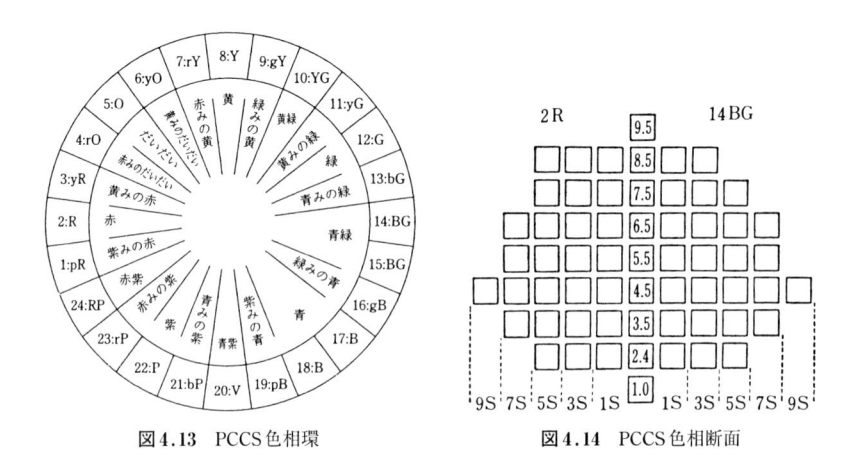

図4.13　PCCS色相環　　　　図4.14　PCCS色相断面

4.3 三属性による色の表示　　　　　　　　　　　　　　　　　　　43

　一つの色相の色を，縦に明度を，横に彩度をとって平面に配列したものを等色相面といい，各色相の等色相面を無彩色軸のまわりに色相順に配列すると図4.15に示すような色立体となる．色の記号による表示は，色相，明度，彩度で表し，たとえば2R-6.0-5Sは，色相環上2番目にあるR（あか）で，明度が6，彩度が5の色であることを意味する．なお，日本色研配色体系では，色の明度と彩度を一緒にした色の調子，トーンを採用しているところに大きな特徴がある．トーン（tone）とは，色の明暗，濃淡，強弱など，明度と彩度とによる色の調子の別をいい，たとえばさえた色，にぶい色，うすい色，こい色といったように明度，彩度の類似した色からは，色相にかかわりなくある共通した調子が感じられるように分類している．分類の方法は図4.16に示すように，明度，彩度が類似している色を有彩色では12種，無彩色では5種のグループに分け，たとえばdk 2（ダークレッド）のように，色相とトーンの組合わせで表示できるようにしている．ただし，一つのトーンの範囲がわりあい広いため，色を正確に表示するには前述のような明度，彩度によらねばならない．また，色相によって純色の明度が異なるため，トーンのなかでの明るい，暗いという概念は一律ではない．このようなトーンによる分類は色の調和を図るうえで一つの重要なよりどころとなっている．つまり，トーンの同じ色の組合わせ，トーンの似た色の組合わせ，トーンの対照的な色の組合わせを，色相における同系色，類似色，反対色の考え方と同様に配色の基本と考えることができる．

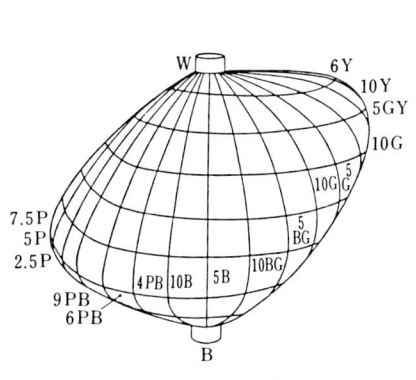

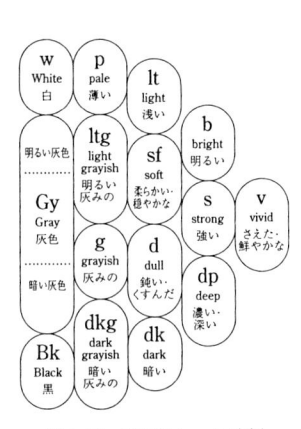

図4.15　PCCS色立体　　　　　　図4.16　PCCSトーン分類

また，日本色研配色体系では，これらのシステムをもとに色立体をいくつかのブロックに系統的に分けて色相名を含めた系統色名をつけたうえで，さらに細かくはトーン別や色みの形容詞を系統色名につけて230種の色のよび方ができるようにしている．

d．NCS表色系

NCS（natural color system）表色系は，スウェーデン工業規格（SIS）に制定されているシステムで，ドイツの生理学者ヘリングが1905年に反対色説にもとづいて創案したナチュラルカラーシステム（natural color system）を基礎にして体系化されたものであり，オストワルト表色系と同様にその配列は比率尺度であることを特徴としている．つまりこのシステムは物体表面の色の見えをヘリングのいう6つの心理的基本色である，W（白），S（黒），Y（黄），R（赤），B（青），G（緑）の知覚量で表そうとするものである．ここでいう基本色とは，それぞれが目に独特な見え方をする色で大文字で表記される．また色知覚のなかに含まれる基本色の割合を基本属性とよび，w（白み），s（黒み），y（黄み），r（赤み），b（青み），g（緑み）の小文字で表される．すべての色知覚はこれら6つの基本属性によって構成され，色知覚全体を100％と考えるので，基本属性の和は，$w + s + y + r + b + g = 100$となる．なお6色の基本属性を用いるといっても，黄みと青み，あるいは赤みと緑みを同時に知覚することはできないために，最大で4色の基本属性で表すことになる．また基本属性は無彩色のw，sと有彩色のy，r，b，gに分けられるが，無彩色を含まない心理的な純色を完全色といい大文字のCで表される．

色相については，隣り合う完全色との心理的な構成比ϕで表され，色の見えを色みcで表すと，$c = y + r + b + g$となる．色みと色相との関係を示す色相環は図4.17に示すように，Y（黄）とB（青），R（赤）とG（緑）を円周の4等分上にそれぞれ配置し，その間の色を隣り合う基本色の心理的な構成比で表している．たとえば$\phi = Y30R$の色相は，YとRの間にある色相で，Rが30％Yが70％の比率に感じられることを示している．また任意の色はw，s，cによって構成され，その総和は100となる．これをNCSでは図4.18に示すようなW，S，Cを頂点とする正三角形内の点として位置づけて表し，この三角形を色三角形とよんでいる．色立体（color solid）は色三角形を，W-S軸を中心に回転させたもので，図4.19

図 4.17 NCS 色相環

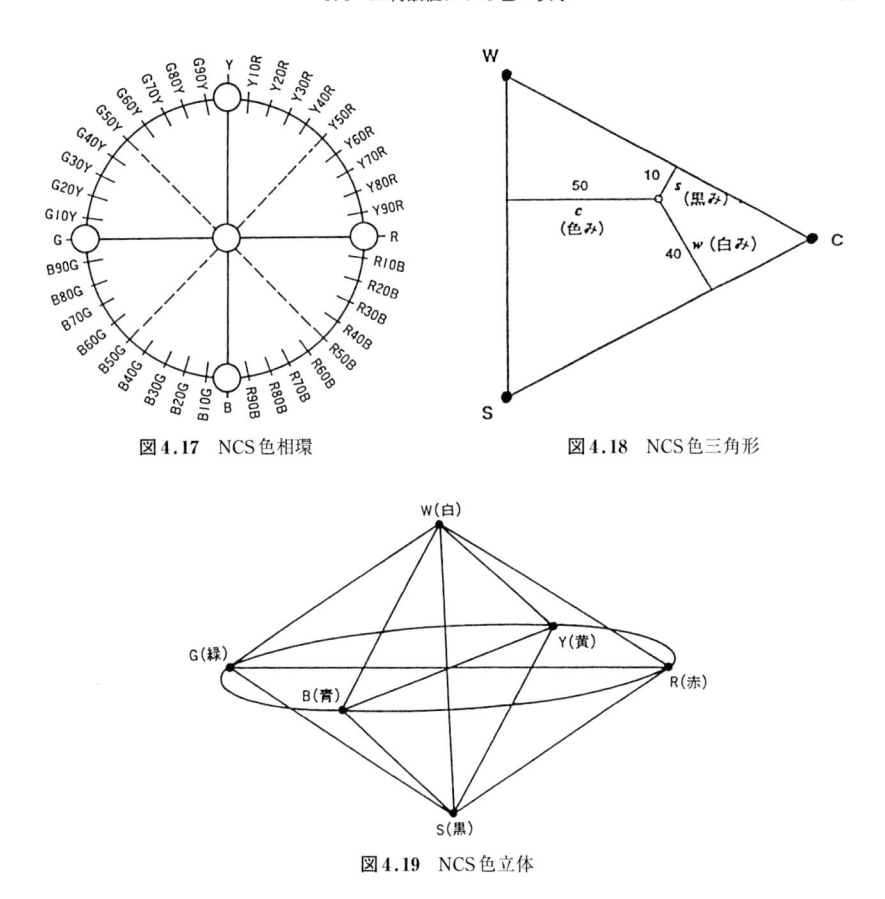

図 4.18 NCS 色三角形

図 4.19 NCS 色立体

に示すような二重円錐形になる．色の表示には，黒み，色み，色相の三属性を用い，黒み量（s），色み量（c），色相（ϕ）の順に数値と原色記号を列記して表す．たとえば，2060-Y40Rは，黒み20％，色み60％（したがって白みは20％）で，色相ϕは黄と赤の間で赤みが40％（したがって黄みが60％）の色であることを表している．無彩色については黒みs＝65％は，6500というように表示する．

4.4 三刺激値による色の表示

　三刺激値による色の表示は，心理的な色知覚に基づく三属性による表示にくらべて，色を心理物理量とみなし，光学的に測定した色刺激の特性によって定量的

に表すため，色を正確に管理する分野では欠かすことのできないシステムである．その代表的なものにCIE表色系がある．国際照明委員会（CIE）では，色を定量的に表示する方法としていくつかのシステムをCIE表色系として推奨しており，JISでもXYZ表色系についてはJIS Z 8701 (1982) で，$L^*a^*b^*$表色系と$L^*u^*v^*$表色系についてはJIS Z 8729 (1980) で，つぎに示すような色の表示方法について制定している．

a. XYZ表色系

このシステムは，2°視野にもとづくXYZ表色系（CIEが1931年に推奨した表色系）および10°視野にもとづく$X_{10}Y_{10}Z_{10}$表色系（CIEが1964年に推奨した表色系）によって色を表示するもので，標準観測者，標準イルミナント，測定の観察条件などを規定した表色系である．

標準観測者とは，正常な色感覚を有する人の代表としてCIEが定めたもので，標準観測者のもつ3種類の原刺激量は，図4.20に示すようなスペクトル三刺激値（等色関数ともいう）に規定される．$\bar{x}$は赤色光（R），$\bar{y}$は緑色光（G），$\bar{z}$は青色光（B）に対応し色光の三原色に相当する．つまり，CIE表色系の基本は，R，G，Bの3種の原刺激を定まった比率で混色すると，常に定まった色刺激をつくり出すことができるという加法混色の原理から出発している（加法混色については6.2節で述べる）．なお，XYZ表色系では混色に用いる原刺激にR，G，Bという

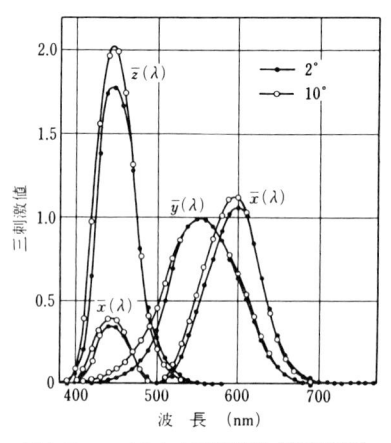

図4.20 スペクトル三刺激値（等色関数）

実在する色の代わりにX, Y, Zという3刺激を仮想し，あらゆる実在する色はこれらの正量混合で表せるとして，これらの分光成分が試料光にどのくらいの割合で含まれているかを計算し，これを三刺激値X, Y, Zで表示する．反射による物体色の三刺激値X, Y, Zは，つぎの式によって求める．

$$\left. \begin{array}{l} X = K\int_{380}^{780} S(\lambda)\bar{x}(\lambda)R(\lambda)\,d\lambda \\ Y = K\int_{380}^{780} S(\lambda)\bar{y}(\lambda)R(\lambda)\,d\lambda \\ Z = K\int_{380}^{780} S(\lambda)\bar{z}(\lambda)R(\lambda)\,d\lambda \end{array} \right\} \quad (1)$$

$$K = \frac{100}{\int_{380}^{780} S(\lambda)\bar{y}(\lambda)\,d\lambda}$$

ここに，$S(\lambda)$：色の表示に用いる標準イルミナントの分光分布，$\bar{x}(\lambda)$, $\bar{y}(\lambda)$, $\bar{z}(\lambda)$：XYZ表色系における等色関数，$R(\lambda)$：分光反射率．また，XYZ表色系における三刺激値のYは，視感反射率R_vを百分率で表した値となる．

表4.10は，XYZ表色系における等色関数の値を示したものである．なお，これらの値からだけではそれがどのような色かを判断することは困難なため，知覚的に判断しやすい三属性表示に対応する色度座標x, y, zに変換することが一般に行われる．変換にはつぎの式を用いる．

$$x = \frac{X}{X+Y+Z}, \quad y = \frac{Y}{X+Y+Z}, \quad z = \frac{Z}{X+Y+Z} = 1-x-y \quad (2)$$

ここに，X, Y, Z：三刺激値．

表4.11は，XYZ表色系におけるスペクトル色度座標を示したものである．なお，色度座標を図示するには，x, yの直交座標系による色度図を用いる．色度図は，図4.21に示すような横軸にx, 縦軸にyをとって，色度座標を平面上に図示したもので，馬蹄形をした曲線は各スペクトル光の色度の軌跡で，曲線上に各スペクトルの波長が記入されている．つまり，色度とは色相と純度の2つを考えた概念である．なお，明るさについては物体の視感反射率（または視感透過率）であるYを使って表すことにしている．Yは$0 < Y < 1$であるが，一般的にはこれを100倍して％で表すことが多い．色度x, yに明るさYを加えて色を表示すれば，色度図上からその色の性質を知ることができる（図4.6参照）．

表4.10　XYZ表色系における等色関数(2°視野)

波長 λ(nm)	$\bar{x}(\lambda)$	$\bar{y}(\lambda)$	$\bar{z}(\lambda)$	波長 λ(nm)	$\bar{x}(\lambda)$	$\bar{y}(\lambda)$	$\bar{z}(\lambda)$
380	0.001 368	0.000 039	0.006 450	580	0.916 300	0.870 000	0.001 650
385	0.002 236	0.000 064	0.010 550	585	0.978 600	0.816 300	0.001 400
390	0.004 243	0.000 120	0.020 050	590	1.026 300	0.757 000	0.001 100
395	0.007 650	0.000 217	0.036 210	595	1.056 700	0.694 900	0.001 000
400	0.014 310	0.000 396	0.067 850	600	1.062 200	0.631 000	0.000 800
405	0.023 190	0.000 640	0.110 200	605	1.045 600	0.566 800	0.000 600
410	0.043 510	0.001 210	0.207 400	610	1.002 600	0.503 000	0.000 340
415	0.077 630	0.002 180	0.371 300	615	0.938 400	0.441 200	0.000 240
420	0.134 380	0.004 000	0.645 600	620	0.854 450	0.381 000	0.000 190
425	0.214 770	0.007 300	1.039 050	625	0.751 400	0.321 000	0.000 100
430	0.283 900	0.011 600	1.385 600	630	0.642 400	0.265 000	0.000 050
435	0.328 500	0.016 840	1.622 960	635	0.541 900	0.217 000	0.000 030
440	0.348 280	0.023 000	1.747 060	640	0.447 900	0.175 000	0.000 020
445	0.348 060	0.029 800	1.782 600	645	0.360 800	0.138 200	0.000 010
450	0.336 200	0.038 000	1.772 110	650	0.283 500	0.107 000	0.000 000
455	0.318 700	0.048 000	1.744 100	655	0.218 700	0.081 600	0.000 000
460	0.290 800	0.060 000	1.669 200	660	0.164 900	0.061 000	0.000 000
465	0.251 100	0.073 900	1.528 100	665	0.121 200	0.044 580	0.000 000
470	0.195 360	0.090 980	1.287 640	670	0.087 400	0.032 000	0.000 000
475	0.142 100	0.112 600	1.041 900	675	0.063 600	0.023 200	0.000 000
480	0.095 640	0.139 020	0.812 950	680	0.046 770	0.017 000	0.000 000
485	0.057 950	0.169 300	0.616 200	685	0.032 900	0.011 920	0.000 000
490	0.032 010	0.208 020	0.465 180	690	0.022 700	0.008 210	0.000 000
495	0.014 700	0.258 600	0.353 300	695	0.015 840	0.005 723	0.000 000
500	0.004 900	0.323 000	0.272 000	700	0.011 359	0.004 102	0.000 000
505	0.002 400	0.407 300	0.212 300	705	0.008 111	0.002 929	0.000 000
510	0.009 300	0.503 000	0.158 200	710	0.005 790	0.002 091	0.000 000
515	0.029 100	0.608 200	0.111 700	715	0.004 109	0.001 484	0.000 000
520	0.063 270	0.710 000	0.078 250	720	0.002 899	0.001 047	0.000 000
525	0.109 600	0.793 200	0.057 250	725	0.002 049	0.000 740	0.000 000
530	0.165 500	0.862 000	0.042 160	730	0.001 440	0.000 520	0.000 000
535	0.225 750	0.914 850	0.029 840	735	0.001 000	0.000 361	0.000 000
540	0.290 400	0.954 000	0.020 300	740	0.000 690	0.000 249	0.000 000
545	0.359 700	0.980 300	0.013 400	745	0.000 476	0.000 172	0.000 000
550	0.433 450	0.994 950	0.008 750	750	0.000 332	0.000 120	0.000 000
555	0.512 050	1.000 000	0.005 750	755	0.000 235	0.000 085	0.000 000
560	0.594 500	0.995 000	0.003 900	760	0.000 166	0.000 060	0.000 000
565	0.678 400	0.978 600	0.002 750	765	0.000 117	0.000 042	0.000 000
570	0.762 100	0.952 000	0.002 100	770	0.000 083	0.000 030	0.000 000
575	0.842 500	0.915 400	0.001 800	775	0.000 059	0.000 021	0.000 000
				780	0.000 042	0.000 015	0.000 000
				和	21.371524	21.371327	21.371540

4.4 三刺激値による色の表示

表4.11 XYZ表色系におけるスペクトル色度座標 (2°視野)

波長 λ(nm)	スペクトル色度座標 x	y	z	波長 λ(nm)	スペクトル色度座標 x	y	z
380	0.1741	0.0050	0.8209	580	0.5125	0.4866	0.0009
385	0.1740	0.0050	0.8210	585	0.5448	0.4544	0.0008
390	0.1738	0.0049	0.8213	590	0.5752	0.4242	0.0006
395	0.1736	0.0049	0.8215	595	0.6029	0.3965	0.0006
400	0.1733	0.0048	0.8219	600	0.6270	0.3725	0.0005
405	0.1730	0.0048	0.8222	605	0.6482	0.3514	0.0004
410	0.1726	0.0048	0.8226	610	0.6658	0.3340	0.0002
415	0.1721	0.0048	0.8231	615	0.6801	0.3197	0.0002
420	0.1714	0.0051	0.8235	620	0.6915	0.3083	0.0002
425	0.1703	0.0058	0.8239	625	0.7006	0.2993	0.0001
430	0.1689	0.0069	0.8242	630	0.7079	0.2920	0.0001
435	0.1669	0.0086	0.8245	635	0.7140	0.2859	0.0001
440	0.1644	0.0109	0.8247	640	0.7190	0.2810	0.0000
445	0.1611	0.0138	0.8251	645	0.7230	0.2770	0.0000
450	0.1566	0.0177	0.8257	650	0.7260	0.2740	0.0000
455	0.1510	0.0227	0.8263	655	0.7283	0.2717	0.0000
460	0.1440	0.0297	0.8263	660	0.7300	0.2700	0.0000
465	0.1355	0.0399	0.8246	665	0.7311	0.2689	0.0000
470	0.1241	0.0578	0.8181	670	0.7320	0.2680	0.0000
475	0.1096	0.0868	0.8036	675	0.7327	0.2673	0.0000
480	0.0913	0.1327	0.7760	680	0.7334	0.2666	0.0000
485	0.0687	0.2007	0.7306	685	0.7340	0.2660	0.0000
490	0.0454	0.2950	0.6596	690	0.7344	0.2656	0.0000
495	0.0235	0.4127	0.5638	695	0.7346	0.2654	0.0000
500	0.0082	0.5384	0.4534	700	0.7347	0.2653	0.0000
505	0.0039	0.6548	0.3413	705	0.7347	0.2653	0.0000
510	0.0139	0.7502	0.2359	710	0.7347	0.2653	0.0000
515	0.0389	0.8120	0.1491	715	0.7347	0.2653	0.0000
520	0.0743	0.8338	0.0919	720	0.7347	0.2653	0.0000
525	0.1142	0.8262	0.0596	725	0.7347	0.2653	0.0000
530	0.1547	0.8059	0.0394	730	0.7347	0.2653	0.0000
535	0.1929	0.7816	0.0255	735	0.7347	0.2653	0.0000
540	0.2296	0.7543	0.0161	740	0.7347	0.2653	0.0000
545	0.2658	0.7243	0.0099	745	0.7347	0.2653	0.0000
550	0.3016	0.6923	0.0061	750	0.7347	0.2653	0.0000
555	0.3374	0.6588	0.0038	755	0.7347	0.2653	0.0000
560	0.3731	0.6245	0.0024	760	0.7347	0.2653	0.0000
565	0.4087	0.5896	0.0017	765	0.7347	0.2653	0.0000
570	0.4441	0.5547	0.0012	770	0.7347	0.2653	0.0000
575	0.4788	0.5202	0.0010	775	0.7347	0.2653	0.0000
				780	0.7347	0.2653	0.0000

図4.21 XYZ表色系における色度図　　図4.22 主波長，刺激純度の求め方

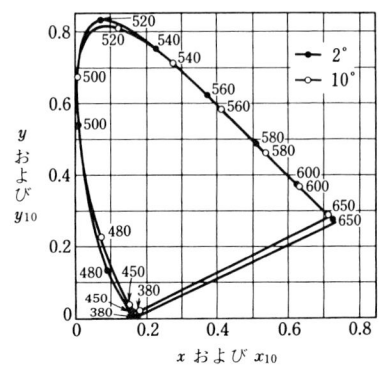

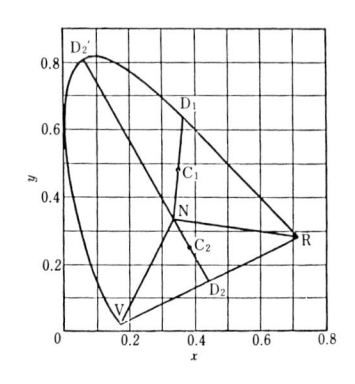

表4.12 標準イルミナントA, D_{65} の色度座標

種　類	XYZ表色系	$X_{10}Y_{10}Z_{10}$ 表色系
標準イルミナントA	$x = 0.4476$ $y = 0.4074$	$x = 0.4512$ $y = 0.4059$
標準イルミナントD_{65}	$x = 0.3127$ $y = 0.3290$	$x = 0.3138$ $y = 0.3310$

　このほか，CIEでは色度を主波長（または補色主波長）および刺激純度で表す方法を示している．図4.22はその求め方を示したものであるが，点Nは無彩色の色度座標を表し，光源色の場合は$x_n = 0.3333$, $y_n = 0.3333$, 物体色の場合は用いた標準イルミナントの色度座標を表す．表4.12は標準イルミナント（6.3節「光源の分類」）の色度座標を示したものである．色度点C_1の主波長を求めるには，C_1とNを結ぶ線が外周のスペクトル軌跡と交差する点D_1の波長を読み取ればよい．この波長のことを主波長とよび，記号λ（nm）で表す．ただ，紫や赤紫のような色C_2の場合は，C_2とNとを結んだ線D_2は馬蹄形の直線部分（これを純紫軌跡という）と交差して，主波長は求められないので，逆方向に線を延長して外周と交差する点D_2'の波長を求めCを付して表す．これを補色主波長という．刺激純度を求めるには，線分C_1NとD_1Nの比を求め100倍して％で表す．これらは色の三属性における色相に対する主波長（または補色主波長），彩度に対する純度に対応している．

b. 均等知覚色空間 L*a*b*表色系

L*a*b*表色系（CIE LAB）は，CIEが1976年に定めた物体色を表示する均等色空間の一つで，XYZ表色系にくらべて知覚的にほぼ均等な歩度をもつ色空間であるため，マンセル表色系などとの比較や色違いの程度（色差）を表すのが容易である．物体色を表示するには，明度指数L^*およびクロマティクネス指数a^*，b^*による．

なお明度指数L^*，クロマティクネス指数a^*，b^*は，XYZ表色系または$X_{10}Y_{10}Z_{10}$表色系における三刺激値を用いて，次式で求める．

$$\left.\begin{array}{l} L^* = 116(Y/Y_n)^{1/3} - 16 \\ a^* = 500[(X/X_n)^{1/3} - (Y/Y_n)^{1/3}], \quad b^* = 200[(Y/Y_n)^{1/3} - (Z/Z_n)^{1/3}] \end{array}\right\} \quad (3)$$

ただしY/Y_n，X/X_n，Z/Z_nは0.008856より大．ここにX, Y, Z：試料の三刺激値，X_n, Y_n, Z_n：照明に用いた標準イルミナントによる三刺激値（$Y_n = 100$に基準化）．

2つの試料（色刺激）の間の色差は次式で求める．

$$\Delta E^*ab = [(\Delta L^*)^2 + (\Delta a^*)^2 + (\Delta b^*)^2]^{1/2} \quad (4)$$

ここで，

$$\Delta L^* = L^*_2 - L^*_1, \quad \Delta a^* = a^*_2 - a^*_1, \quad \Delta b^* = b^*_2 - b^*_1 \quad (5)$$

c. 均等知覚色空間 L*u*v*表色系

L*u*v*表色系（CIE LUV）は，L*a*b*表色系と同様にCIEが1976年に定めた物体色を表示する均等色空間のひとつである．物体色を表示するには，明度指数L^*とクロマティクネス指数u^*，v^*による．明度L^*，クロマティクネス指数u^*，v^*は次式で求める．

$$\left.\begin{array}{l} L^* = 116(Y/Y_n)^{1/3} - 16 \\ u^* = 13L^*(u' - u'_n), \quad v^* = 13L^*(v' - v'_n) \end{array}\right\} \quad (6)$$

ただしY/Y_nは0.008856より大．ここに，Y_n：三刺激値のYまたはY_{10}，u', v'：CIE1976 UCS色度座標，Y_n, u'_n, v'_n：完全拡散反射面の標準イルミナントによるY値および$u'v'$座標（$Y_n = 100$に基準化）．

2つの試料（色刺激）の間の色差は次式で求める．

$$\Delta E^*uv = [(\Delta L^*)^2 + (\Delta u^*)^2 + (\Delta v^*)^2]^{1/2} \quad (7)$$

ここで，

$$\Delta L^* = L^*_2 - L^*_1, \quad \Delta u^* = u^*_2 - u^*_1, \quad \Delta v^* = v^*_2 - v^*_1 \quad (8)$$

　以上のように色の表示方法には，現在さまざまなシステムが考案されているが，アパレル業界などにおける配色計画や流行色の予測などには系統色名や慣用色名，修正マンセル表色系が，配色調和の検討にはオストワルト表色系やPCCS表色系が，より厳密性が要求される色の分析や色差の測定などにはXYZ表色系や修正マンセル表色系が利用されている． ［中川早苗］

文　　献

1) 千々岩英彰：色彩学，福村出版，1983．
2) 牛山源一郎：服飾色彩学—理論と実際，源流社，1980．
3) 浦畑育生：測色による色彩管理の知識，関西衣生活研究会，1987．
4) 稲村耕雄：色彩論，岩波新書，1976．
5) 原国政哲：色彩の使い方，理工学社，1974．
6) 川上元郎：JIS使い方シリーズ新版色の常識，日本規格協会，1987．
7) 小磯　稔：色彩の科学，美術出版社，1974．
8) 今井弥生，中野刀子：暮らしの色彩学，建帛社，1986．
9) 福田　保，吉岡　徹：被服における色彩と意匠，光生館，1980．
10) 金子隆芳：色の科学—その心理と生理と物理—，朝倉書店，1995．
11) 向井裕彦，緒方康二：カラーコーディネータのための色彩学入門，建帛社，1996．
12) 今井弥生編著：色彩学・意匠学，家政教育社，1998．
13) 出村洋二：クロマチクス—色彩論，昭和堂，1998．
14) 日本色彩研究所：色彩ワンポイント4　色の表し方と使い方．日本規格協会，1993．
15) 日本色彩学会：色彩科学事典，朝倉書店，1991．
16) 日本色彩学会：新編色彩科学ハンドブック（第2版），東京大学出版会，1998．
17) 日本色彩学会 ISO TC/187 色表示国内委員会：日本色彩学会誌，**17**-3，1994．

5 色の調和

　美しさを創造するには配色における色の調和が重要な要素となる．色の調和とは2つ以上の色の間につり合いがとれており，美しくまとまりのある状態をいう．西洋では配色のよし悪しを評価する価値基準としてカラーハーモニー（color harmony），つまり色彩調和という概念が古くから考えられてきた．この美しく調和のとれた配色を得るための原理・原則を明らかにしようとするのが色彩調和論である．色彩調和についての思索はギリシャ時代にまでさかのぼることができるが，科学的な色彩調和論が登場するのはオストワルトやマンセルの表色系が確立されてからである．

5.1　オストワルトの色彩調和論

　オストワルト表色系をもとにカラーハーモニーマニュアルとして便利な色票が作成され，オストワルトの色彩調和論は広く認識されるに至った．彼は，調和は秩序に等しいとして，つぎのような法則をあげている．

a．無彩色における調和

　3色またはそれ以上の灰色による配色の場合は，それぞれの間隔が等しいときに調和が得られる（例：c-g-l, a-e-i）．これを図5.1に示す．

b．等色相三角形における調和

　等色相三角形には以下に示す等しい値をもつ3つの系列があり，いずれにおいても3色以上を法則性をもつように選べば調和が得られる．

　① 等白系列の調和（例：pa-pg-pn），
　② 等黒系列の調和（例：ca-ia-pa），
　③ 等純系列の調和（例：ge-li-pn），
　④ 系列分離の調和（例：lc-ig-nl, ge-lc-pg, ni-ec-ic, ni-ge-ga）．

図5.1 等色相三角形

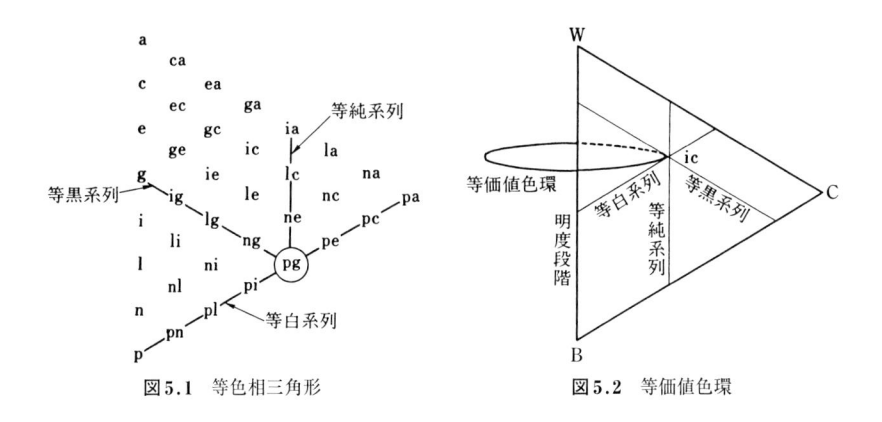

図5.2 等価値色環

c. 等価値色環における調和

オストワルトの色立体を水平に横断する面で分割すると，図5.2に示すような白色量と黒色量の等しい等価値色環ができる．色環上の色はicなどのように白色量と黒色量が等しいために色相差によって調和が得られる．たとえば二色配色では，つぎに示すような色相差によって調和が得られる．

① 類似色調和　色相差2（例：2 ie-4 ie）
　　　　　　　色相差3（例：3 ea-6 ea）
　　　　　　　色相差4（例：6 ni-10 ni）
② 異色調和　　色相差6（例：8 ea-14 ea）
　　　　　　　色相差8（例：1 ie-9 ie）
③ 反対色調和　色相差12（例：2 ni-14 ni）

d. 補色対菱形における調和

オストワルト色立体の明度軸を含む縦断面は，2つの等色相三角形よりなる菱形となり，相対する色相は補色となる．

① 等価値色補色対の調和（例：2 ic-14 ic），
② 斜横断色対の調和：記号のいずれかが等しく等純度（例：2 ie-14 ni），または異純度（例：2 ea-14 ne）の色どうしで明暗の変化のあるコントラストとなる．

e．非補色対菱形における調和

二色相調和関係にある補色対以外の2つの等色相三角形内にある色の調和に関しても，だいたい補色対菱形における調和と同様に調和色を選ぶことができる．

① 等価値色対の調和（例：2 ic-6 ic），

② 斜横断色対の調和：等純度（例：2 ie-2 ni）または異純度（例：2 ia-2 pi）．

以上のようにオストワルトは多様な色彩調和の法則を導き出している．彼がいう調和のとれた配色とは，組み合わせる色相互に何らかの共通項をもたせることにあるといえる．

5.2　ムーン–スペンサーの色彩調和論

ムーン（Moon）とスペンサー（Spencer）は，1944年にマンセル表色系に準拠した色彩調和論を発表している．彼らはそれまでになされた色彩調和に関する研究を概観し，色彩調和における幾何学的区分について，面積について，美度について科学者としての立場から定量的な記述をこころみている．

a．色彩調和における幾何学的区分

すべての色の組合わせは調和と不調和のいずれかに分けることができ，調和配色は快感を与え，不調和配色は不快感を与えると考えた．また配色が調和的であるためには，

① 配色される2つの色の差があいまいでないとき，

② オメガ（ω）空間（色の三属性について知覚的に等歩度性をもたせようとした独自の空間）の中のそれぞれの色を表す点が単純な幾何学的図形で関係づけられるとき，

の2つの条件を仮定した．

1）色相における調和　　色相の調和領域あるいは不調和領域は，ある色を基準の色相の位置においたとき，図5.3に示す色相差の関係によって示される．調和領域はつぎのようである．

① 同一の調和（identity）

② 類似の調和（similarity）

③ 対比の調和（contrast）

この関係以外の配色は不調和な配色となる．不調和な配色の領域はつぎのようで

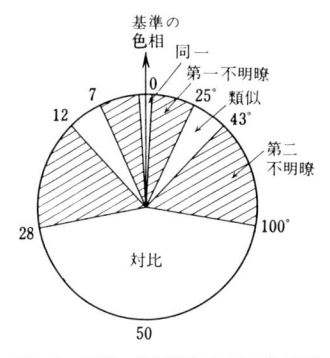

図5.3 明度一定平面における色相間の調和と不調和の領域（Moon et al., 1944）

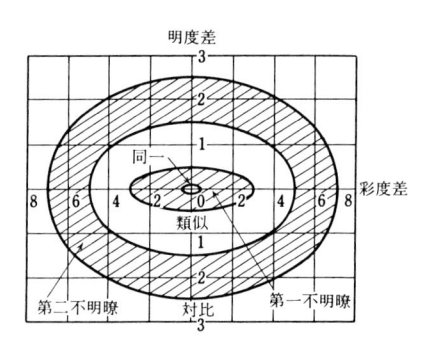

図5.4 色相一定平面における明度・彩度の調和と不調和の領域（Moon et al., 1944）

ある．
　① 第一不明瞭の不調和（first ambiguity），
　② 第二不明瞭の不調和（second ambiguity），
　③ 眩輝の不調和（glare）．

2) 明度・彩度における調和　　等色相面における明度差（ΔV），彩度差（ΔC）の関係による調和，不調和領域を図5.4に示す．調和領域はつぎのようである．
　① 同一の調和，
　② 類似の調和，
　③ 対比の調和．
不調和領域はつぎのようである．
　① 第一不明瞭の不調和，
　② 第二不明瞭の不調和．

b. 色彩調和における面積

　配色間の快いバランスは，各色のスカラモーメントがそれぞれの色に対して，オメガ（ω）空間上で等しいとき，また単純な倍数になるときに得られると考えた．スカラモーメントは色の面積とモーメントの腕の長さ（順応点 N 5 から各色点までの距離）の積で表している．スカラモーメント S_M は次式で表される．

$$S_M = A[C^2 + 64(V-5)^2]^{1/2}$$

A は面積を表し，$[C^2 + 64(V-5)^2]^{1/2}$ はモーメントの腕の長さであり，C は彩度，

表5.1 モーメントの腕の長さ

V \ C	0	2	4	6	8	10	12	14
0, 10	40							
1, 9	32	32.1	32.2	32.6	33.0	33.6	34.2	35.0
2, 8	24	24.1	24.4	24.8	25.3	26.0	26.8	27.8
3, 7	16	16.1	16.5	17.1	17.9	18.9	20.0	21.3
4, 6	8	8.25	8.94	10.0	11.3	12.8	14.4	16.1
5	0	2.0	4.0	6.0	8.0	10.0	12.0	14.0

V は明度である．N5を順応点とするときのモーメントの腕の長さは表5.1のようである．

たとえば，マンセル記号5P6/8と5P3/8のモーメントの腕の長さの比は，11.3/17.9 = 0.63となるので，この倍率の比率0.21，0.32，1.26，1.89などは快適な面積比のバランスとなる．

c. 色彩調和における美度

ムーンとスペンサーは調和の程度を示すものとして美度をあげている．これはプラトン（Platon）の「適度さとつり合いは常に美しい」という考え方や，フェヒナー（Fechner）が説いた「美は複雑さのなかの秩序にある」という考え方，バークホッフ（Birkhoff）の美度の公式を出発点としている．バークホッフの美度（M）は秩序（O）と複雑性（C_X）の比としてつぎの式で表される．

$$M = O/C_X$$

ムーンとスペンサーはこの公式を適用している．配色における複雑さの要素 C_X は次式で求める．

$$C_X = （色数）+（色相の異なる対の数）+（明度の異なる対の数）$$
$$+（彩度の異なる対の数）$$

また配色における秩序 O は色の組合わせのなかにある色相，明度，彩度の同一，類似，対比ならびに第一，第二不明瞭，眩輝の領域に該当する組合わせを数え，表5.2に与えられている美的係数をかけ合わせる計算によって求める．

面積のバランスの美的係数はスカラモーメントの比が1:1のとき1.0で，1:2のとき0.5，1:3のとき0.25であり，その他は0であり，これを秩序 O に加えて計算する．

表5.2 美的係数

	同一	第一不明瞭	類似	第二不明瞭	対比	眩輝
Hue	1.5	0	1.1	0.65	1.7	—
Value	-1.3	-1.0	0.7	-0.20	3.7	-2.0
Chroma	0.8	0	0.1	0	0.4	—
Gray	1.0					

美度は0.5より大きければ，一般的な美的基準に達していると判断され，Mの値が高いほど調和が得られると考えられている．

以上のようにムーンとスペンサーは色彩調和の法則を3つの視点から明らかにしているが，色の連想，実際の物への適合性，嗜好性などは考慮に入れないことを前提としている．

5.3 日本色研配色体系の色彩調和論

日本色研配色体系（PCCS；Practical Color Co-ordinate System）は，配色における高度な実用性をめざして開発されたもので，マンセル色票配列の形式をとりながら，オストワルトの色彩調和論の実用性をも採用している．色彩調和の形式については，色相とトーンに分けて共通要素の原理，類似性の原理，明瞭性の原理にもとづいて説明している．

a. 色相の調和

配色を色どうしの色相差の大小から，図5.5に示すような配色形式で示している．これはムーンとスペンサーの形式にならったものであるが，調和域，不調和

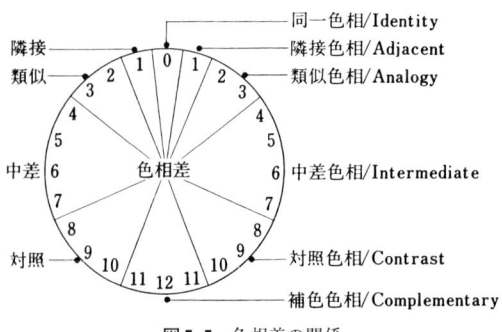

図5.5 色相差の関係

5.3 日本色研配色体系の色彩調和論

図5.6 トーンの類似の関係   **図5.7** トーンの対照の関係

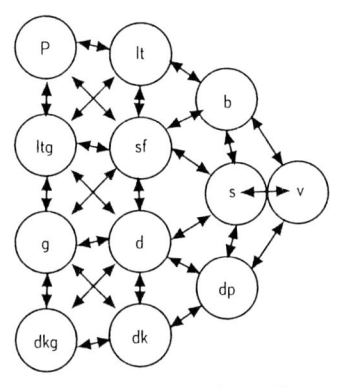

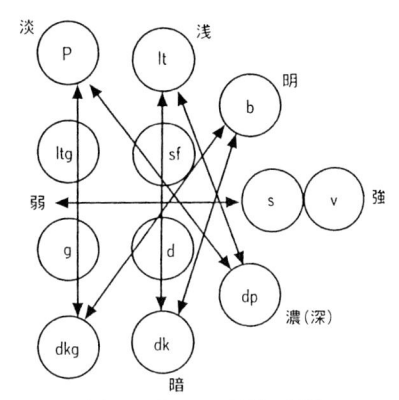

域の設定はしていない．
① 同系の調和：同一（色相差0），
② 類似の調和：隣接（色相差1），類似（色相差2，3），
③ 対照の調和：対照（色相差8〜10），補色（色相差11〜12）．

b. トーンの調和

配色を色どうしのトーン差の大小から，図5.6の矢印で示すような類似の関係、図5.7の矢印で示すような対照の関係で示している．
① 同系の調和：同一トーンの色どうしから選ぶ，
② 類似の調和：隣合っているトーン領域の色どうしから選ぶ，
③ 対照の調和：遠い位置関係にあるトーン領域の色どうしから選ぶ．

以上のように日本色研配色体系では，調和する配色は，統一と変化，秩序と複雑さのような反対の要素を矛盾を感じさせないように両立させることによって成立すると考え，上記の分類を応用して以下のような解決法を提案している．
① 色相が同系または類似の関係にある配色は，トーンに変化や複雑さをもたせる，
② 色相が対照の関係にある配色は，トーンを同系，類似にして統一を図る．

このような原理にもとづいて配色の手引きとして作成されたハーモニックカラーチャートは，アパレルやインテリアの分野で広く利用されている．

［中川早苗］

文　献

1) 小磯　稔：色彩の科学，美術出版社，1974.
2) 千々岩英彰：色彩学，福村出版，1983.
3) 今井弥生，中野刀子：暮らしの色彩学，建帛社，1986.
4) 福田邦夫：色彩調和の成立事情，青娥書房，1985.
5) 向井裕彦，緒方康二：カラーコーディネーターのための色彩学入門，建帛社，1996.
6) 福田邦夫：色彩調和論，朝倉書店，1996
7) 出村洋二：クロマチクス―色彩論，昭和堂，1998.
8) 今井弥生編著：色彩学・意匠学，家政教育社，1998.
9) 日本色彩研究所：PCCSハーモニックカラーチャート201-L解説書，日本色研事業，1991.
10) 日本色彩学会：新編色彩科学ハンドブック（第2版），東京大学出版会，1998.

6 色の測定

数値によって色を表示する CIE 表色系の基本は，加法混色の原理から出発している．XYZ 表色系では，混色に用いる原刺激に X, Y, Z という三刺激値を仮想し，あらゆる実在する色はこれら正量混合で表すことができるとしており，数値によって色を表示するためには，これらの分光成分が試料光にどのくらいの割合で含まれているかを測定しなければならない．

6.1 分光視感効率（比視感度）

前述のように，人間が色として感じる電磁波は波長約 380 ～ 780 nm の光である．測光量はこの電磁波（放射量）という物理量が眼に入って生ずる感覚量である．等しいエネルギーの光でも波長が異なれば眼に対してまったく異なった反応を起こすものであり，測光量は眼の判断にもとづいた尺度であるといえる．

放射エネルギーの一定な光を眼にあてても波長によって明るさの感覚は一様ではない．これを視感度といい，視感度には個人差・年齢差がある．そこで国際照明委員会（CIE）では，1924 年に図 6.1 に示すように測光標準観測者の錐状体が

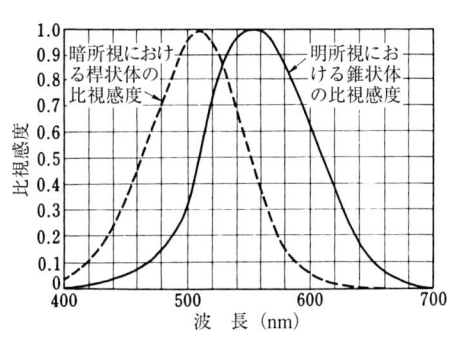

図 6.1 桿状体と錐状体の比視感度曲線

十分機能した明所視の状態（数 cd/m² 以上の輝度レベルに順応したときの正常眼の視覚）の最高視感度を 1 とした，標準分光視感効率（標準比視感度）$V(\lambda)$ を定めている．

この図から，波長 555 nm の黄緑色の光をもっとも明るく感じ，これを中心にして長波長側，短波長側ともに減少していく．これを視感効率曲線とよび，放射エネルギーという物理量から光束などの測光量を導くための仲介役を果たしている．

一方，暗いところでは主として桿状体がはたらく．CIE では，1951 年に桿状体だけが作用する暗所視（100 分の数 cd/m² 以上の輝度レベルに順応したときの正常眼の視覚）に対する視感効率を採用しており，図 6.1 の破線で示すように，桿状体の感度が最大となるのは波長 507 nm であり，明所視にくらべ短波長側の感度が高く，長波長側の感度が低くなっている．

6.2 色の三原色と混合

色を混ぜ合わせて新しい色をつくることを混色といい，混色しても得られない色を原色という．混色には色光による加法混色と，色料による減法混色がある．加法混色も減法混色も，原色は物理的に 3 色あり，これを三原色という．

また，カラーテレビのように普通に見ているかぎりでは識別できないが，画面を拡大してみると，赤・緑・青の小さな点または線によって画像ができているというように，同じ場所には混色しないが，肉眼で見分けられない程度に入り混じった状態で混色をされる場合を並置混色とよんでいる．

さらに，色円盤の回転による混色のように色光を同時に眼に入射させないで，見分けられない速さで色光を交互に眼に入射させる混色を継時混色とよぶ．並置混色や継時混色は混色後の色が中間の明るさになるため，中間混色とよぶこともある．

a．加法混色

色光は混色する色が多くなると明るくなり，どのような色光でも照射するほど明るくなる．すなわち色光の混色はエネルギーの足し算が成立するため加法混色（additive mixture）といわれる．

図 6.2 に示すように赤，緑，青紫（一般には青とすることもある）が色光の三

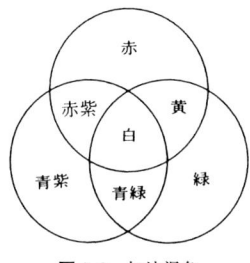

図6.2 加法混色 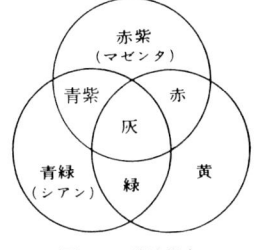　　　　図6.3 減法混色

原色である．この三原色のうち赤と緑の2色を混ぜ合わせると黄に，緑と青紫の2色を混ぜ合わせると青緑となり，青紫と赤を混ぜ合わせると赤紫になる．また，赤，緑，青紫の3色の色光を混ぜ合わせると白光となる．さらに，物理補色となる赤と青緑，緑と赤紫，青紫と黄の2色が混色されても白光になる．

b. 減法混色

異なる色の色ガラスを重ねた場合，重ねることにより重ねる前の色ガラスより暗く，ちがった色になる．カラーフィルターの重ね合わせやカラー写真などに用いる色料の場合，混色することにより明るさが暗くなる．すなわち色料の混色はエネルギーの引き算が成立するため減法混色（subtractive mixture）といわれる．

図6.3に示すように赤紫（マゼンタ，magenta），黄（イエロー，yellow），青緑（シアン，cyan）が色料の三原色である．この色料を2色ずつ混ぜ合わせると赤，緑，青紫ができ，3色を混ぜ合わせると黒に近い灰色になる．

6.3　光源の分類

我々が日常，物体の色を見る場合いつも同じ光源下において見るわけでなく，さまざまな光に照らされた物体を見ている．物体の色は1章でも触れたように照明する光源によってちがって見える．そこで色を正確に測定するためには，光の標準を決めておく必要がある．CIEでは標準イルミナントおよび標準観測者を規定している．

a. 測色用標準イルミナント

同じ視対象でも照明光が異なるごとに異なった色に知覚され，その度にいくつもの表示が得られるのでは，色彩管理や色彩計画のためには非常に不便である．

そこで，CIEでは相対分光分布によって色の表示を目的とした測色用の光として，標準イルミナント（以前は標準の光といった）A，D_{65}の2種類を定め，そのほかに標準イルミナントを補うものとして，補助標準イルミナントD_{50}，D_{55}，D_{75}およびCの4種を規定している．

① 標準イルミナントA：分布温度が約2856Kの黒体が発する光で，これに近い相関色温度の白熱電球を代表する．

② 標準イルミナントD_{65}：色温度が約6504Kに近似するCIE昼光の可視波長域・紫外波長域の特性を代表する．

③ 補助標準イルミナントD_{50}，D_{55}，D_{75}：いずれもCIE昼光であり，色温度がD_{50}は約5003K，D_{55}は約5503K，D_{75}は約7504Kに近似する昼光で照明される物体色を表示する場合に用いる．

④ 補助標準イルミナントC：色温度が約6774Kに近似する平均的な昼光の可視波長域の特性を代表する．以前は標準イルミナントとして使われていたが，標準イルミナントD_{65}と紫外放射の相対分光分布にちがいがあるため，紫外放射で励起されて蛍光を発する物体色の表示には用いることができないなどの理由により標準イルミナントからはずされた．

標準イルミナントA，D_{65}の相対分光放射強度を図6.4に示したが，色の表示には，標準イルミナントD_{65}が用いられる．

また，JIS（日本工業規格）でも測色用の標準イルミナントについてJIS Z 8720

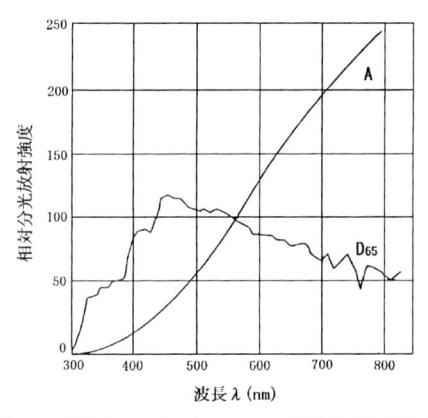

図6.4 標準イルミナントA，D_{65}の相対分光放射強度

6.3 光源の分類

表6.1 標準イルミナントA, D_{65}, 補助標準イルミナントCの相対分光エネルギー分布

波長 λ (nm)	標準イルミ ナントA	標準イルミ ナントD_{65}	補助標準イ ルミナントC	波長 λ (nm)	標準イルミ ナントA	標準イルミ ナントD_{65}	補助標準イ ルミナントC
380	9.80	49.98	33.00	580	114.44	95.79	97.80
85	10.90	52.31	39.92	85	118.08	92.24	95.43
90	12.09	54.65	47.40	90	121.73	88.69	93.20
95	13.35	68.70	55.17	95	125.39	89.35	91.22
400	14.71	82.75	63.30	600	129.04	90.01	89.70
05	16.15	87.12	71.81	05	132.70	89.80	88.83
10	17.68	91.49	80.60	10	136.35	89.60	88.40
15	19.29	92.46	89.53	15	139.99	88.65	88.19
20	20.99	93.43	98.10	20	143.62	87.70	88.10
425	22.79	90.06	105.80	625	147.24	85.49	88.06
30	24.67	86.68	112.40	30	150.84	83.29	88.00
35	26.64	95.77	117.75	35	154.42	83.49	87.86
40	28.70	104.86	121.50	40	157.98	83.70	87.80
45	30.85	110.94	123.45	45	161.52	81.86	87.99
450	33.09	117.01	124.00	650	165.03	80.03	88.20
55	35.41	117.41	123.60	55	168.51	80.12	88.20
60	37.81	117.81	123.10	60	171.96	80.21	87.90
65	40.30	116.34	123.30	65	175.38	81.25	87.22
70	42.87	114.86	123.80	70	178.77	82.28	86.30
475	45.52	115.39	124.09	675	182.12	80.28	85.30
80	48.24	115.92	123.90	80	185.43	78.28	84.00
85	51.04	112.37	122.92	85	188.70	74.00	82.21
90	53.91	108.81	120.70	90	191.93	69.72	80.20
95	56.85	109.08	116.90	95	195.12	70.67	78.24
500	59.86	109.35	112.10	700	198.26	71.61	76.30
05	62.93	108.58	106.98	05	201.36	72.98	74.36
10	66.06	107.80	102.30	10	240.41	74.35	72.40
15	69.25	106.30	98.81	15	207.41	67.98	70.40
20	72.50	104.79	96.90	20	210.36	61.60	68.30
525	75.79	106.24	96.78	725	213.27	65.74	66.30
30	79.13	107.69	98.00	30	216.12	69.89	64.40
35	82.52	106.05	99.94	35	218.92	72.49	62.80
40	85.95	104.41	102.10	40	221.67	75.09	61.50
45	89.41	104.23	103.95	45	224.36	69.34	60.20
550	92.91	104.05	105.20	750	227.00	63.59	59.20
55	96.44	102.02	105.67	55	229.59	55.01	58.50
60	100.00	100.00	105.30	60	232.12	46.42	58.10
65	103.58	98.17	104.11	65	234.59	56.61	58.00
70	107.18	96.33	102.30	70	237.01	66.81	58.20
575	110.80	96.06	100.15	775	239.37	65.09	58.50
				80	241.68	63.38	59.10

で上記の標準イルミナントを実現する標準光源を規定している．

標準イルミナントAを実現する標準光源Aは相関色温度が約2856 Kに点灯したガス入りタングステンコイル電球である．しかし標準イルミナントD_{65}については相対分光分布だけが定められており，標準イルミナントAのように標準光源と対応する人工光源の仕様がまだ確立されていない．したがって，現段階では標準光源としてではなく，常用光源としてD_{65}，D_{50}，D_{55}，D_{75}を定義し，その性能と評価方法を定めている．また，補助標準イルミナントCを用いる場合の光源は，以前は，標準光源Aにデビス-ギブソン・フィルターをかけて相関色温度を約6774 Kにした人工光源を標準光源Cとして用いていたが，現在ではガラスフィルターによる常用光源が用いられている．

これらの常用光源は，分光分布の値が表6.1に示す標準イルミナントおよび補助標準イルミナントの相対分光エネルギー分布に近似していなければならない．また，図6.5に補助標準イルミナントD_{50}，D_{55}，D_{75}の相対分光放射強度を示した．

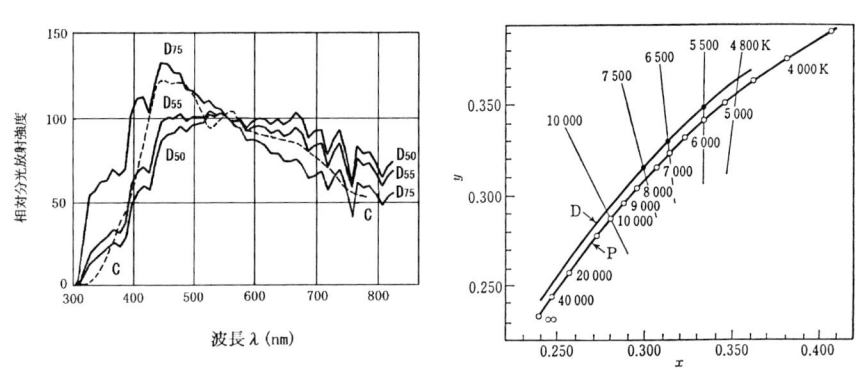

図6.5　補助標準イルミナントD_{50}，D_{55}，D_{75}，Cの相対分光放射強度

図6.6　xy色度図における完全放射体の軌跡（P）とCIE昼光軌跡（D）

b．CIE昼光

CIE昼光は，CIEが1964年にこれまでの紫外放射を含まなかった標準の光B，Cにおきかえることを目的として，4000 K〜25000 Kの範囲における任意の相関色温度の自然昼光について定めた相対分光分布の系列である．

CIE昼光の基礎データは当初，ロチェスター（アメリカ），オタワ（カナダ）とイギリス南部の限られた地域での測定値が使われたため，そのデータで地球全体をカバーできるか問題視された．そこで世界各地で昼光の分光測定が行われた．日本でも照明学会に委員会が設立され，昼光の測定が行われたが，その多くはほぼCIE昼光を裏づけるものであった．

　この測定値から図6.6[3)]に示すような代表的な昼光の色度軌跡として次式が得られた．

$$y = -3.000\,x^2 + 2.870\,x - 0.275 \quad (1)$$

（1）式の軌跡上の一点は一つの相関色温度 T_c に対応して，軌跡の x 座標と T_c との関係はつぎの2式にまとめられる．

　約4000〜7000 Kの相関色温度に対して，

$$x = -4.6070\frac{10^9}{T_c^3} + 2.9678\frac{10^6}{T_c^2} + 0.09911\frac{10^3}{T_c} + 0.244063 \quad (2)$$

　約7000〜25000 Kの相関色温度に対して，

$$x = -2.0064\frac{10^9}{T_c^3} + 1.9018\frac{10^6}{T_c^2} + 0.24748\frac{10^3}{T_c} + 0.237040 \quad (3)$$

CIEおよびJISでは（2）式と（3）式のどちらかと（1）式との交点の色度のものだけをCIE昼光とし，記号Dを付けて表示し，とくに相関色温度が約5003 K，5503 K，6504 K，7504 Kのものをそれぞれ D_{50}，D_{55}，D_{65}，D_{75} として定めた．そのうち D_{65} のみを標準イルミナントに取りあげて，その他は補助標準イルミナントとしている．なお，添え字の50，55，65，75は色温度の上2桁の数字を示している．

6.4　色の測定方法

　色の測定方法は，直接人間の眼により色を判定する視感測定法と，眼のかわりに受光器を用いる物理的測定法に大きく分けられる．さらに物理的測定法は，その原理のちがいにより分光測色方法と刺激値直読方法の2種類に分けられる．これらの方法によって色を測定するためには，種々の測色機器を用いなければならないが，近年は光学機器や電子機器などの発達によって，高性能で手軽な各種の測色装置が市販されている．

a. 視感測定法

　視感測定法は，刺激値があらかじめわかっている色票や色光を用いて，測色したい試料と照合させ，一致，不一致の判断を人間の視感覚によって行う方法である．視感測定法は，いくつかの原色を混色した色と，測定しようとする試料の色を等色させ，試料の三刺激値を混色の原理から計算によって求める方法と，系統的に作成された標準的な色票と試料を比較し，等色あるいは近似した色票の記号によって試料の色を表示する視感比較法に分けられる．

　混色による測定法には，大きく分けて加法混色の原理を用いたものと減法混色の原理を用いたものがある．加法混色による測色は，試料色と混色によって得られた比較色が等色になったとき，用いられた赤，緑，青の三原色の量から三刺激値 X, Y, Z を得るというものである．この方法による測定器には原色に物体色を用いる円盤回転式色彩計，原色に透過色光を用いるバンハム式色彩計，マッカダム式色彩計，ドナルドソン式色彩計，原色にスペクトル光を用いるライト式色彩計やスタイルズ式色彩計などがある．

　一方，減法混色による測色は，通常赤紫（マゼンタ），黄（イエロー），青緑（シアン）の三原色を用い，単一の光ビームにこれら原色のフィルターを順次挿入して，試料色と等色させるというもので，ロビボンド式色彩計が有名である．この方式は多数の原色フィルターが必要であるという難点はあるが，反射色や透過色の試料の測色を行うことができる．

　また，視感比較法に用いる既知の標準色票としては，Munsell Book of Color, JIS 標準色票，NCS 標準色票などがよく使われる．視感比較法による測定を行う場合の標準的条件は，JIS Z 8723（1988）に取りあげられている．

　1）照明　　照明に用いる光源は原則として，標準イルミナント D_{65} に相対分光分布が近似する補助標準イルミナント D_{65} を用いる．しかし，紫外部の放射によって生じる蛍光を含まない表面色の場合は補助標準イルミナントCを用いることもできる．また，自然光を用いる場合は，日の出3時間後から日没3時間前までの北空昼光を用い，周辺の建物，部屋の内装など環境色の影響を受けていない光を用いる．

　2）照明方向と観察方向　　試料と標準色への照明方向および観測方向[4]は図6.7に示す3方向が決められている．

6.4 色の測定方法

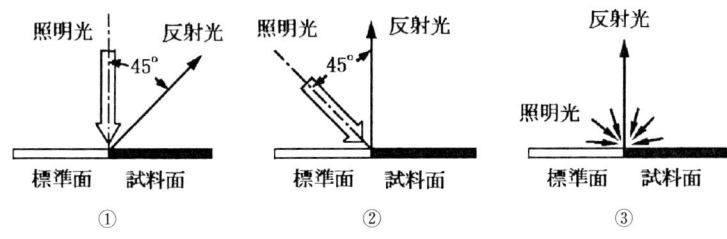

図6.7 照明方向と観察方向

① 試料面に垂直に拡散的に照明し，45°方向から観察する．
② 試料面に45°方向に拡散的に照明し，垂直方向から観察する．
③ あらゆる方向から拡散的に照明し，垂直または45°方向から観察する．

3) 照度　　作業面における最小照度は原則として1000 lx 以上を確保し，均斉度は0.8以上が望ましい．

4) 作業面　　作業面の色は，周囲には原則として無光沢で明度Vが5の無彩色とする．外光の影響がある場合は照明ブースを用いる．照明ブースの内面は原則として，無光沢で明度Vが5～8の無彩色とする．

5) 試料の配置　　試料と標準色は同一平面上に隣接または離して配置してもよい．隣接に配置する場合は境界線が縦割りになるように並置し，境界線の幅をできるだけせまくとる．試料と標準色を並置して配置する場合，その距離が離れると識別能力が低下することが報告されている．

6) マスク　　試料および標準面の形状や大きさをそろえる必要がある場合にはマスクを用いる．マスク表面は蛍光や光沢がなく，試料面の明度に近い無彩色を用いることが望ましい．マスクの開口部は視角2°以上の大きさで，長方形，正方形または円形とする．

7) 観察者　　観察者は色覚正常者でなければならない．

b. 分光測色方法

分光測色方法は，分光光度計を用いて測定した試料の分光反射率（または透過率）を測定し，4.4節で述べた計算方法によって三刺激値X, Y, Zを求める方法である．このため，分光測色は反射率の測定と測色計算（三刺激値の計算）の2つの要素によって構成される．

プリズムを用いた分光反射率の測定原理[5]を図6.8に示す．光源から視対象の

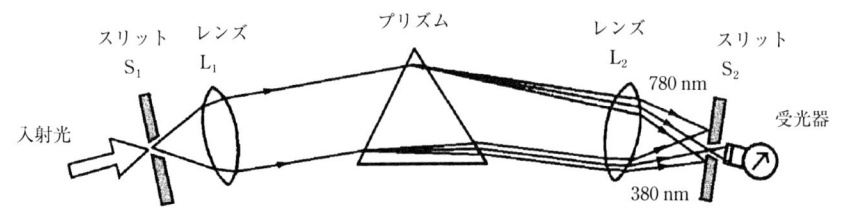

図6.8 分光測色法の原理

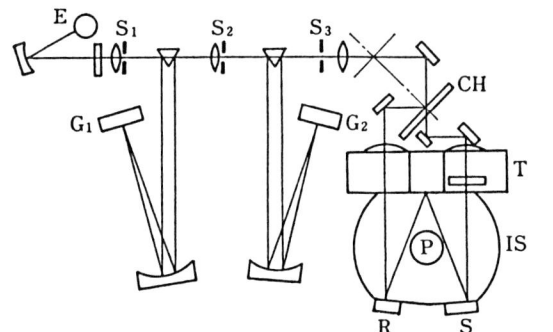

図6.9 測色用分光測光器の例

E：光源
G_1, G_2：回折格子
CH：交照ミラー
IS：積分球
P：受光器
R：参照白色面
S：試料
T：透過試料室
S_1, S_2, S_3：スリット

表面を反射または透過した光はスリットS_1から分光器に入り，プリズム（回折格子，干渉フィルターなどの場合もある）によって分光された後，スリットS_2の位置に各像を形成する．スリットS_2を動かすことによって，この像の各波長に対する強度を受光器によって測定する．しかし，この値はプリズムなどの波長特性を含んでいるため直接スリットS_1に入射した光の組成を示していないので分光反射率が既知の標準白色板との置換法によって測定する．

この原理をもとにした実際の測色用分光測光器の例を図6.9に示した．図は回折格子を用いた分光器2台を配置した分光測色器の光学系の例である．光源Eからの光は回折格子G_1，G_2で分光され，交照ミラーによって2光路に分けられ、参照白色面Rおよび試料Sに入射する．反射光は積分球ISで集積され受光器Pによって検知され，強度の比が測定される．

分光反射率を測定する場合，試料をどのように照明し，反射光をどのように測定するかによって測定値が変化することが経験的に知られている．そこでJISでは図6.10のように照明・受光の幾何学的条件を規定している．

6.4 色の測定方法

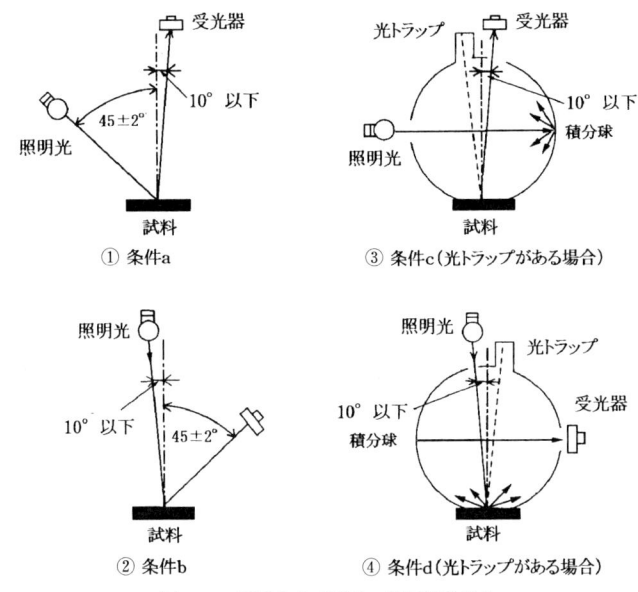

図6.10 照明および受光の幾何学的条件

① 条件a：試料面の法線に対して光軸が45±2°の角度で試料を照明し，10°以下の方向の反射光を受光する．

② 条件b：試料面の法線に対して光軸が10°以下の角度で試料を照明し，45±2°の方向の反射光を受光する．

③ 条件c：試料をあらゆる方向から均等に照明し，試料面の法線との角度が10°以下の方向の反射光を受光する．

④ 条件d：試料面の法線に対して光軸が10°以下の角度で試料を照明し，あらゆる方向へ反射する光を集積して受光する．

さらに，①②は照明および受光光線束，③は受光光線束，④は照明光線束がそれぞれその中心線に対し5°以上の傾きをもつ光線を含まないこと，積分球を用いる場合は，入射開口，受光開口，試料面開口，参考面開口，光トラップ（正反射光を除去するために用いる装置）の開口面積の和が積分球内面の全面積の10％を超えないことがあげられている．

測色を行う場合，照明方法として白色光照明方式と単色光照明方式がある．蛍光を含まない試料では，測定される分光反射率はどちらの方式でもほとんど差は

みられないが，蛍光を含んだ試料では大きなちがいが生じる．これは，蛍光を含んだ試料は，反射光に測定波長による反射光と励起された蛍光成分が含まれるためである．このため，単色光照明方式では蛍光試料を正確に測定できないので白色光照明方式を用いなければならない．さらに，蛍光色は励起光の分光分布のちがいによって変化するため，相対分光分布が既知の照明光で照明する必要がある．

図6.11～6.13に分光反射率の測定例を示した．図6.11はマンセル表色系の5色相の相違を示した図であり，図6.12は5YRの明度の相違を，図6.13は5YRの

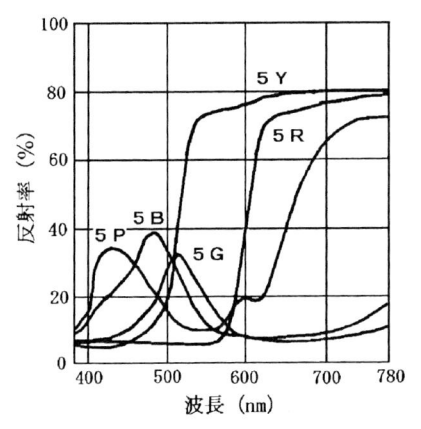

図6.11 分光反射率の例(色相の相違)
マンセル表色系の5R，5Y，5G，5B，5P．

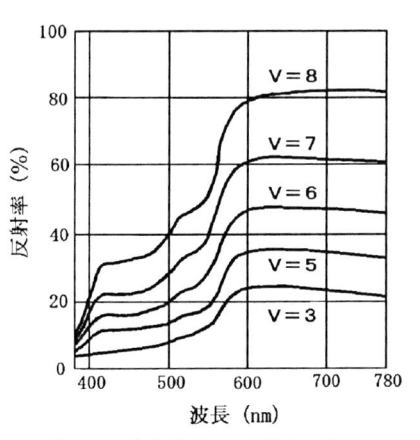

図6.12 分光反射率の例(明度の相違)
マンセル表色系の色相5YR，彩度8．

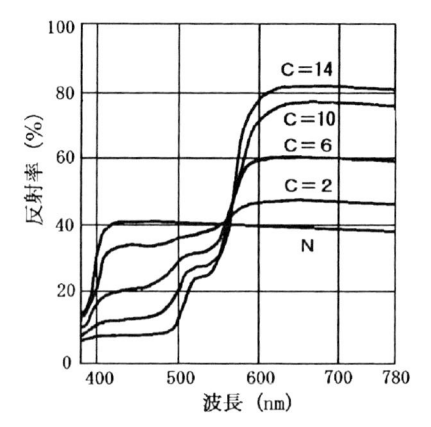

図6.13 分光反射率の例(彩度の相違)
マンセル表色系の色相5YR，明度7．

彩度の相違を示した図である．

c. 刺激値直読方法

　分光測色方法は 380～780 nm の間を 5 nm や 10 nm など一定の間隔で反射率（または透過率）を測定する必要があり，最近はかなり測定が高速化されてはいるが，測定時間がかかるうえに測定機器も複雑で高価なものが多い．しかし，製品の製造現場においてはただちに測色データを出し，製品にフィードバックさせなければならないことがある．このような場合には，測定時間が短く，取りあつかいやすいということから刺激値直読方法による測色器が多く使用されている．

　刺激値直読方法は三刺激値の計算方法から，先に示した図 4.20 の等色関数と等しい分光感度をもつ測定器によって，試料からの反射光を分光しないで直接測定するものである．この原理による色彩計を光電色彩計という．光電色彩計の分光感度はその原理から (4) 式の条件を満たす必要がある．この条件をルータ条件という．

$$\left.\begin{array}{l} S(\lambda)\bar{x}(\lambda) = k_x P(\lambda) T_x(\lambda) r(\lambda) \\ S(\lambda)\bar{y}(\lambda) = k_y P(\lambda) T_y(\lambda) r(\lambda) \\ S(\lambda)\bar{z}(\lambda) = k_z P(\lambda) T_z(\lambda) r(\lambda) \end{array}\right\} \quad (4)$$

ここに，$S(\lambda)$：標準イルミナントの相対分光分布，$P(\lambda)$：測色機器で用いている光源の相対分光分布，$T_x(\lambda)$, $T_y(\lambda)$, $T_z(\lambda)$：分光感度補正用フィルター，$r(\lambda)$：測色機器で用いている受光器の分光応答度，k_x, k_y, k_z：定数．

　光電色彩計の原理を図 6.14 に示した．照明光が標準の光に近似する必要があ

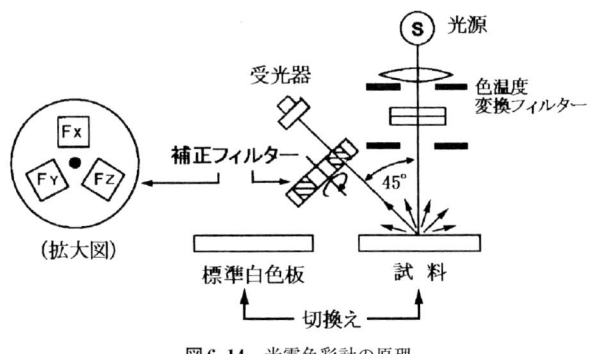

図 6.14 光電色彩計の原理

るため,分光感度補正用のガラスフィルターが用いられるが,両者にはわずかな差異が見られ,これを $\bar{x}(\lambda)$, $\bar{y}(\lambda)$, $\bar{z}(\lambda)$ に完全に一致させることは困難である.

　刺激値直読方法では,測定誤差を完全に除去することは困難であるが,近似した2色の色差の測定には十分に用いることができるため,製品の色彩管理に利用されている.　　　　　　　　　　　　　　　　　　　　　　　　　　　　［石原久代］

文　献

1) 照明学会照明普及会：照明の基礎知識　中級編,照明学会照明普及会,1996.
2) 日本規格協会：JISハンドブック2001　色彩,日本規格協会,2001.
3) 川上元郎他編：色彩の事典,朝倉書店,1987.
4) 日本色彩学会：新編色彩科学ハンドブック（第2版）,東京大学出版会,1998.
5) 日本色彩研究所：色彩ワンポイント2　色彩管理の基礎,日本規格協会,1993.
6) 色彩関連JIS解説書,スガウェザリンク振興財団,1981.

7 色の心理的効果

　色が心身におよぼす影響はさまざまで，知覚におよぼす影響と感情におよぼす影響がある．物理的な色刺激が眼に入ると色感覚を覚えるが，その感覚は周囲の空間的または時間的な変化によって，他の色刺激の影響を受ける．たとえば，肌色に対して白い服を着た場合と黒い服を着た場合と比較すると，黒い服を着た方が肌色は白く見える．これは視覚系の心理的あるいは生理的な効果により起こるもので，色知覚効果とよび，基本的な見えのレベルを示す．
　一方，私たちは赤の色からは暖かさ，青の色からは冷たさを感じる．こうした現象は色感覚や色知覚として反応するだけでなく，色の心理的な感情効果といわれ，ほとんどの人に共通して反応する客観的な感情である．この感情を固有感情という．
　また，快い色，不快な色，好きな色，嫌いな色は，年齢や性別，ライフスタイル，生活環境などによって生ずる主観的な感情で，個々の価値判断が異なるため個人差が大きい．この感情を情緒感情という．
　色のイメージは，こうした局面がたがいにからみ合って総合的に判断されることになるが，色は私たちの生活全体に使用されるため，おのおのの間のコミュニケーションをはかる必要がある．したがって，色の意味内容の共通する部分，共通しない部分を探ることは，色彩計画を行ううえで重要である．
　この章では，色の知覚効果と色の感情については日常経験しているいくつかの色の現象を取りあげ，色のイメージについてはSD法による研究例を紹介しながら，色のイメージ構造について解説する[1]．

7.1 色の知覚

a. 明順応・暗順応

私たちは，いきなり明るい場所から暗い場所に入っていくと，一瞬，何も見えなくなることを経験する．また，暗い場所から明るい場所へ出ると，一瞬まぶしさに目がくらむことがある．しかし，しばらくすると環境の明るさや暗さになれて周囲の状況がよくわかるようになる．このように周辺の環境条件の変化に応じて，徐々に適応していく現象を順応とよび，明るさになれる現象を明順応，暗さになれる現象を暗順応とよぶ．また，明順応によって明るさに順応している場合の視覚を明所視，暗順応によって暗さに順応している場合の視覚を暗所視という．

順応状態が生ずるのは，視細胞の錐状体と桿状体のはたらきによる．明順応には色や形を知覚することはできるが，光に対する感度が鈍い錐状体が作用し，暗順応には色や形は認識されにくいが，光に対する感度が高い桿状体が作用する．

この過程は，図7.1に示す生理学者アウベルト（Aubert）が行った実験から説明できる．横軸は経過時間，縦軸は眼で認めることができるもっとも暗い刺激光の閾値を示す．閾値は刺激光が見分けられる最小値であり，下降するほど感覚の感度が高くなることを表している[2]．

明順応においては閾値は高く感度が低いが，暗順応になると眼は光が遮断され，閾値は5～10分程度で下降し停滞する．その後，閾値は再び低下し約30分後，安定した暗順応の状態となる．逆に暗順応から明順応に移るときは，まぶしく感

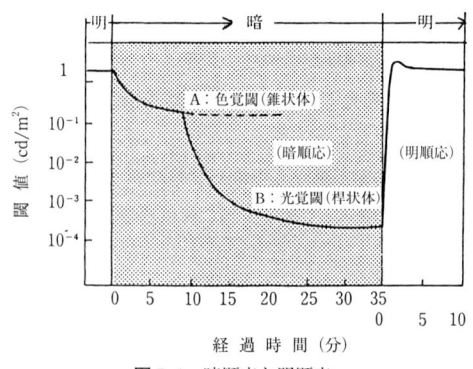

図7.1 暗順応と明順応

じるが,ここでは10分程度で順応し,暗順応にくらべ早く前の明るさに戻り,周囲が見えてくる.

どうして順応時間に差があるのだろうか.暗順応で作用する桿状体にはロドプシンと呼ばれる色素が含まれ,光を浴びるとすばやく分解して白くなり無色となるが,光がなくなり暗くなると時間をかけて再合成される.このため,安定した暗順応の状態になるまでには時間がかかることになる.したがって,暗順応が始まる最初の7分程の対応過程は,錐状体のはたらきを示す曲線で,その後の過程が桿状体のはたらきを示す曲線である.しかし暗順応から明順応へ移行する際は,2〜3分で急激にロドプシンが分解され,桿状体のかわりに錐状体がはたらいて順応する.

トンネルの出入り口,映画館や劇場の開始,終了時の照明光は,こうした明暗の順応変化に目が自然になれるよう配慮されている.

b. 色順応

明順応・暗順応とは別に環境の色に眼がなれるはたらきもある.たとえば,太陽光で照明された部屋で過ごし,つぎに白熱電球で照明された部屋に入るとその部屋にある物体すべてが赤みを帯びて見える.しかし,すぐに照明光から受ける感覚の感度が低下し,赤みを帯びた色も違和感がなくなり眼が慣れてしまう.このように周囲の色に順応する現象を色順応という.

眼には赤,緑,青の光の三原色を感知する錐状体をもっているが,図7.2に示すように太陽光のもつ分光分布のエネルギーはほぼ平坦であるため,眼に入る赤,緑,青の錐状体の興奮はほぼ同じバランスをしている.しかし,白熱電球の部屋

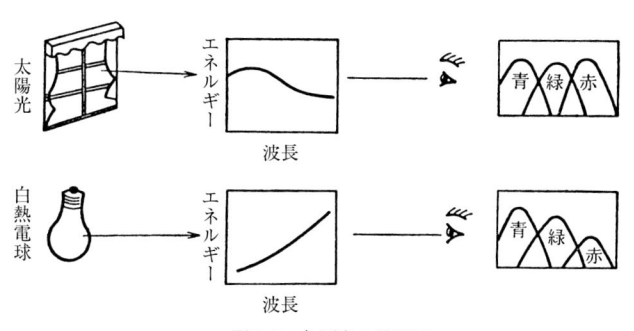

図7.2 色順応の説明図

においては電球光のもつ分光分布の長波長のエネルギーが高いため，最初は赤の錐状体が興奮して，部屋は赤いと感じる．しかし，しだいに赤の錐状体の興奮が低下して相対的に緑，青の錐状体の感度が高くなり，3つの錐状体は補正され興奮はバランスのとれた状態になる．したがって白熱電球のもとでは太陽光のもとで見た色の見え方に近づいて見える．

このように眼は照明条件や観測条件がちがっても，周囲に存在する色を常に一定にしようとする生理的な機能があり，かりに周囲に存在する色が変化した場合でも色はかなり正しく判断できる．

c. 明るさの恒常性，色の恒常性

同じ白い紙を太陽光のもとで見る場合と白熱灯のもとで見る場合とでは，太陽光の方が反射量が多いため，太陽光のもとで見た方が一段と明るく見えるはずである．しかし，太陽光のもとでも白熱灯のもとでも，物体の明るさは同じであるように感じる．このように，照明光の照度レベルが変化しても物体の知覚された明るさがそれほど変化しない現象を，明るさの恒常性という．

また，太陽光のもとで見る人の肌色は，白熱灯のもとで見ても同じ肌色に見える．これを色の恒常性とよぶ．実際は照明光が変化すれば光の分光分布が異なるので，同一の物体でも色は変化する．しかし，明るさの恒常性と同様，照明条件や観測条件がちがっても主体的に同じ色に見え，照明光とは区別して物体の表面色は，いつも固有の色をしていると判断する．

私たちは，赤く照明された白いスクリーンを赤とは判断しない．スクリーンはあくまで白と判断する．この現象は，見慣れたものほど強く感じられることから，物体がもつそのままの色が記憶として影響している[3]．

d. 薄明視（プルキニエ現象）

明所視と暗所視の移行期に起こる視覚の状況を薄明視とよび，錐状体と桿状体の両方がはたらくようになる．図6.1に示したように，明所視における最大視感度は555 nmであり，暗所視における最大視感度は507 nmである．したがって，明所視から暗所視に移行すると，感度のもっとも高い黄緑の波長は，短波長の青の波長方向へと変化する．

これによって，夕方薄暗くなるとそれまであざやかに見えていた赤，黄系統の色は暗くなって見えにくくなり，緑，青系統の色が明るく見えてくるようになる．

このように比視感度が移行する現象を，プルキニエ（Purkinje）現象という．

月夜の晩にながめる空は，青みがかって見える．これは月の光が青くなったわけではなく，プルキニエ現象により私たちの青色周辺の視感度が高くなっているからである．

e．色彩対比現象

色彩対比とは，ある色彩が他の色彩に影響され物理的には同じ色であるにもかかわらず，実際の色とは異なって見える現象をいう．

色彩対比現象には残像現象が影響する．白い紙の中心におかれた緑の色紙をしばらく凝視したあと，緑の色紙を取りさると，そこには赤色の像が浮かんでくる．これが残像現象であり，緑の色紙の場合，緑が投影された網膜の錐状体部分がその色に順応されて，緑の感度が低下する．しかし赤，青の錐状体部分の感度は保たれるので，反作用として補色の残像である赤が現れる．一般に残像は，刺激の強さ，色，持続時間，背景色によって現れ方が異なる．

1）同時対比　　2色以上の色を同時に見る時に起きる空間的な対比現象で，色の三属性にしたがい色相対比，彩度対比，明度対比に分類される．

①色相対比：背景に色相の異なる色を配置すると，中に配置された色の色相に変化が生じたかのように見える．これが色相対比である．たとえば，橙の背景と緑の背景に黄を配置すると，橙の背景のもとで見た黄は，橙の補色にあたる青方向に誘導され，黄は本来の色相よりも緑みを帯び，黄緑にかたよって見える．そして緑の背景は緑の補色にあたる赤紫方向に誘導され，黄は赤みを帯び橙にかたよって見える．これは背景となる大きな面積部分の色が，網膜上に波及して残像が現れ，小さな面積部分の色にかぶさるため加法混色された状態に見えてくるからである．

また黄と青紫のように補色関係にある2色が配置された場合は，2色はますますさえ，たがいの彩度を強調しあうことになる．これを補色対比とよぶ．

②明度対比：図7.3のように，同じ明度をもつ灰色を白と黒の背景に配置すると，同じ灰色とは思えないほど両者の明るさが異なって見える．白部分に位置する灰色は暗く，黒部分に位置する灰色はそれとは反対に明るく見える．これを明度対比という．

若者が夏の日差しで焼けた肌の色を強調するため，白い色のシャツを着るのは

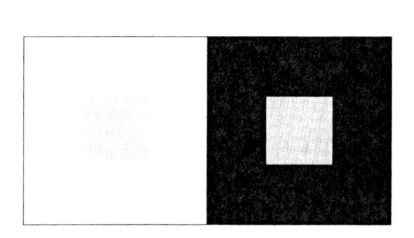

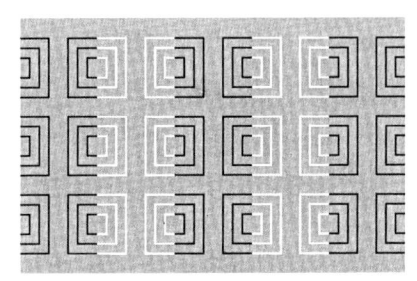

図7.3 明度対比　　　　図7.4 同化現象（日本色彩研究所）[4]

このためといえる．
　③ 彩度対比：中彩度の赤を高彩度と低彩度の赤の背景に配置して見ると，高彩度の背景に囲まれた中彩度の赤は，彩度が低く，低彩度の背景に囲まれた中彩度の赤は，彩度が高く感じられる．これを彩度対比という．
　カーペットを敷く場合，赤のようなあざやかな色のカーペットを敷くと，室内の他の物がくすんでしまうことにもなる．
　2）継続対比　　ある色を見てからすぐに他の色を見ると，前に見た色の影響で後で見る色が変化して見える．これを継続対比とよび，時間的に前後して色を見るときに生ずる現象である．このとき，色の見え方は同時対比と同様である．
　手術中，医師は常に赤い鮮血を見つづけているため，周囲が白壁であると一瞬緑の残像が現れて驚く．この点を考慮して手術室の壁，手術着などは青緑を帯びた色が使用されている．

f. 同化現象

「朱に交われば赤くなる」といわれるように，同化現象は色彩対比現象とは反対の効果で，囲まれている色が周囲の色や明るさの影響を受けて，同調を帯びる現象をいう．図7.4は明るさの同化を示した例[4]であるが，灰の背景に黒線と白線をひいて見ると，白線をひいたところは黒線をひいたところよりも明るい灰に見える．同様に黄の背景に赤線をひくと，黄の背景は赤みがかって見えるようになる．これが色彩の同化である．
　同化現象は日常生活において，タイルの張りの目地の色，和服の小紋模様などに見られるが，図柄パターンが細い線分から成立し，その間隔がせまいとき，背

景と線分の色相差，明度差が小さいとき，視野を全体としてながめるときに生じやすいといわれる．

g. 色の進出・後退

色には前に飛び出して近くに見える進出色と，後ろに下がって遠くに見える後退色がある．一般に長波長である赤，橙，黄は進出して見え，短波長である青，青紫は後退して見える．有彩色と無彩色をくらべると，有彩色が進出して見える．明度については高明度ほど進出し，低明度は後退して見える．

この作用は，水晶体の色収差による現象として説明されることがある．色収差とは波長に応じた焦点距離のずれをいい，長波長の暖色系の色は屈折率が小さいので，焦点距離が長く網膜の後方で結像する．そのために水晶体を厚くして結合点を調節する．短波長の寒色系の色は，屈折率が大きく網膜の前方で像が結合されるので，ここでは水晶体をうすくして結合点を調節する．これが色の進出・後退という距離感に反映するものである．しかし，この色収差説は無彩色の場合でも進出・後退が見られることや，色覚異常者には該当しないことから，色の訴求力や迫力など，色の心理的要因によるものと考えられている．

h. 色の膨張・収縮

色は見かけの大きさにも影響する．実際よりも大きく見える色は膨張色，小さく見える色は収縮色という．一般に膨張色・収縮色は進出色・後退色とほぼ一致する．明るい色や暖色系は進出し，暗い色や寒色系は収縮して見える．とくに色の膨張・収縮には明度が関係し，寒色系でも明るい色は暖色系の暗い色よりも膨張して見える．

また背景の色の影響も受ける．大山と南里は同心円刺激を用いて，外円を白，灰，黒とした上に明度のちがう灰色の内円をおき，内円の見かけの大きさを測定した[5]．その結果，外円が明るいほど内円は小さく，暗いほど大きく見える．また，内円に有彩色を用いて行った結果では，黄がもっとも大きく見え，赤，青が小さく，高明度の色の方が大きく見えることを明らかにした．ここでも，色相はほとんど関係がなく，明度の影響が大きいことがわかる．

したがって白と黒の色を比較すると，白が大きく見えるが，碁盤にならべられる碁石の白と黒の石はいつも同じ大きさに見える．これは黒石が白石にくらべわずかに大きくつくられているからである．また暗い色の服を着用すると，明る

色の服を着用したときよりもほっそりと見えるといわれるのは，この作用ためである．

i. 色の視認性・可読性

色は遠くから見えるものや見えないものがあるが，色の視認性は対象そのものの存在の認められやすさ，発見のしやすさを表し，文字や数字，記号の読みやすさを可読性という．

色は組み合わせる色との関係で，見えやすい場合と見えにくい場合とがある．図7.5は，背景を黒と白にした場合の純色の視認性を照度別に測定したものである．背景が黒の場合，照度が変化しても黄，橙は視認性が高く見えやすく，青，青紫は低く見えにくい．しかし，背景が白になると黒の場合とは逆の傾向を示し，紫，青紫が視認性が高く見えやすい結果を得ていることから，背景色と対象物の明度差を大きくすることが，視認性を高めることになる．

また，形や文字の認識のしやすさに与える色の影響を可読性という．表7.1は赤，橙，黄，緑，青，紫，白，灰，黒の9色を組み合わせて図の見え方を調査したものであるが，図が黒地に黄，黄地に黒，黒地に白など明度差の大きい組合わせは判別しやすく認識しやすいため，高い可読性が得られる．とくに図を無彩色，地を有彩色にした場合の効果は大きい．判別が難しい組合わせは，黄地に白，赤地に緑などであり，明度差の小さい組合わせは認識されにくいため，可読性が低い．また赤地に緑のように色相差が大きい組合わせも，明度差が小さいと認識さ

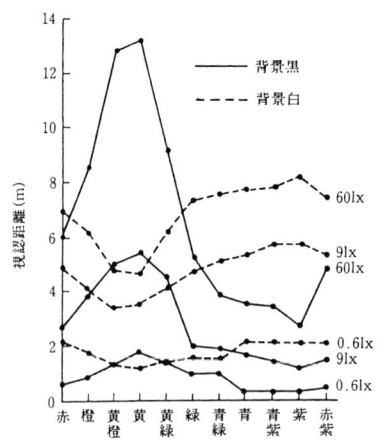

図7.5 各純色の視認距離（背景別，照度別：大島，1953）

7.1 色の知覚

表7.1 ランドルト環による色別の判別距離 (m)（塚田, 1966）

形\地	赤	橙	黄	緑	青	紫	白	灰	黒
赤	—	40	46	25	26	28	41	30	33
橙	39	—	38	34	41	39	36	37	42
黄	43	40	—	45	45	43	14	41	50
緑	28	35	42	—	34	32	46	29	37
青	33	43	43	35	—	29	47	29	32
紫	30	44	49	36	32	—	49	35	27
白	39	42	22	40	44	42	—	39	46
灰	30	40	44	27	30	33	44	—	37
黒	35	43	51	34	28	26	50	37	—

れにくい．こうした配色例は道路，鉄道などの交通機関の標識，工事標識，危険標識など，図と地の組合わせに応用されている．

また色の視認性・可読性は高齢者にとって大きな問題である．加齢にともなう色覚の変化は水晶体の黄染，黄斑部の着色，瞳孔径や網膜照度の影響があげられ，日常生活に不便さが生じてくる．ここに高齢者を対象にして，書体の文字の大きさを視覚的に等差になるよう高さを2.0～9.0 mmの8段階に変化させ，背景は無彩色の3段階，文字の色は有彩色5色と無彩色2色とし，文字が「楽に見える」段階を調査した結果[6]がある．その中で老年後期（75歳以上）については，黒地に黄，白，灰の文字色の組合わせは全員が読めるが，他の色刺激の組合わせは，文字の大きさを最大9.0 mmにしても読めない場合があり，高齢者間にはかなり個人差が見られる．情報社会といわれる現在，80％以上が視覚色彩情報であることから，公共の場，生活の場に用いられる文字の色や大きさについて十分配慮する必要がある．

j. 主観色

客観的に見て無彩色の刺激しかないのに，有彩色を感じることがある．これを主観色とよぶ．この現象は発見者の名からフェヒナー（Fechner）色ともいう．

図7.6は有名なベンハムのコマ（Benham top）である．白黒のパターンのコマを1秒間に6～10回程度の速度で回転させると，円弧の間に赤，黄，緑，青などの淡い色が現れる．回転方向を反対にすると現れる色が逆転する．

主観色が生ずる原因は，刺激を与えてから色感覚が起こるまでの時間と，刺激

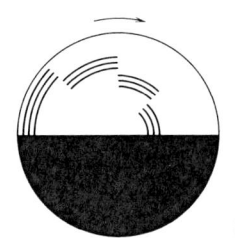

図7.6 ベンハムのコマ

を取りさっても色感覚が残っている時間とが色によって異なるためといわれるが，一方では刺激の時間的パターンによる神経興奮の周波数変調によるためともいわれ，はっきりとしたメカニズムは明らかではない．

この主観色は，静止図形においても現れ，白と黒が交互に繰り返されるような細い平行斜線や細かい縞柄などから感じられることが多い．

k. ベゾルド-ブリュッケ現象

同じ分光組成の色光でも，輝度が変化すると色相が変化して見えるというのが，ベゾルド-ブリュッケ（Bezold-Brucke）現象である．この現象を定量的に調べた結果を，図7.7に示す．これは同一色相で100トロランド（td）から1000トロランドの10倍に明るくしたときに生ずる色の見えの変化を示している．

横軸は波長，縦軸は100トロランドから1000トロランドに明るくしたときに調整した色相（波長 $\Delta\lambda$）を求めている．たとえば，100トロランドの波長

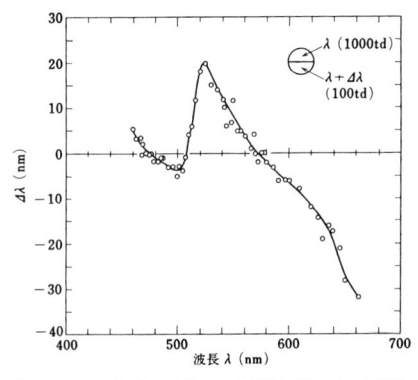

図7.7 ベゾルド-ブリュッケ現象（Purdy, 1931）

660 nmの赤と同一波長で1000トロランドに明るくしたときに生ずる色相量，波長$\Delta\lambda$は－32 nmとなり，見かけの色相は628 nmになる．これは明るくすることにより，黄赤方向に移っていることになる．このように見ていくと，571 nm（$\Delta\lambda=0$）より長波長の光色の見えは負を示しており，明るくすることによりすべて黄方向に移行している．また506～571 nmの範囲では，波長$\Delta\lambda$は正であり，明るくすることにより長波長の黄方向に移行する．そして506～474 nmの間では，波長$\Delta\lambda$はふたたび負となり，色相は青方向に移行している．

　このように明るさが増すと色相が移行変化するが，明るさが増しても見えの色相が変化しない波長もある．波長$\Delta\lambda=0$の部分にあたる571 nmの黄，506 nmの緑，474 nmの青はそれに対応し，不変色相と呼ぶ．

7.2 色 の 感 情

a. 色の寒暖と興奮・沈静

　私たちは色を見ただけで暖かさや冷たさを感じる．たとえば，水道の蛇口に赤と青の色をマークしておけば，誰もが湯と水の区別はできて文字表示は不要である．これは，日常生活の中での経験によって引き出される．一般に温暖感は太陽，火の色，寒冷感は空，水の色など連想させる．したがって色相環上では赤，橙，黄が暖色，青緑，青，青紫が寒色，これに属さない黄緑，緑，紫は中性色であり，色の寒暖には色相がもっとも関係する．そして明度，彩度は色相に付随した形で現れる．同色相でも高明度になると寒色となり，低明度になると暖色となる．彩度は高彩度になると暖色は温暖感が増し，寒色は寒冷感を増して寒暖の傾向が強くなる．また無彩色にも色の寒暖はあり，黒は暖色，白は寒色である．

　色の寒暖感に対して与える影響は，色の共感覚現象の中でも顕著なものである．共感覚とは感覚の一受容系で受けとめた刺激を，本来の感覚系統以外に属する感覚系統まで反応を引き起こす現象をいう．たとえば各色に着色にした同温度のコップの水の中に手を入れて温度感覚を調べると，青い色のコップの方は冷たく感じる．これを目を閉じて手の皮膚感覚で判断をすると，一貫した結果は得られないが，眼を開けた状態では色を見た瞬間に赤は暖かく，青は冷たいと暗示するため，色の見かけの温度感が心理的に作用していることになる．

　この点について，大山[5]は色の寒暖が他の感情とどの程度関係があるかを相関

係数を求め，検討した．

表7.2の結果をみると「熱い」は，「近い」「丸い」「危ない」「騒がしい」「派手な」「嬉しい」「女らしい」「不安定な」という感情と相関があり，人の目にせまるような，気持ちを興奮させるような感じを与える．一方「冷たい」は，「遠い」「角ばった」「安全な」「静かな」「地味な」「悲しい」「男らしい」「安定した」という感情と相関があり，人から遠ざかるような，気持ちを沈めるような感じを与えることを示している．

このように色の寒暖と興奮・沈静は関係が深いことがわかる．とくに暖色系の高明度，高彩度を使用すると興奮効果，寒色系の色相の中，低明度を使用すると沈静効果が現れる．

この沈静・興奮は私たちの体内の血圧，呼吸，脈拍，筋肉活動，瞬き率などに作用することが立証されている．赤い光線や赤色は血圧，呼吸率，筋肉緊張を増大させるが，青い光線や青色は逆にそれらを減少させる．また，瞬き率も赤い光線により増加し，青い光線によって減少する[7]．

近年では，脳波の測定も行われ，この方面からの実証も進んでいる．大森ら[8]は色光刺激による脳波のα波含有量と心拍変動を測定した．その結果，リラックスした状態で出現するα波含有量は，緑から青，紫系にかけて出現率が高く，その際の心拍数は減少した．同時に快適性を示す1/fゆらぎを調べたところ，緑から紫系の色刺激において1/fゆらぎが認められ快適感への影響が明らかとなっている．

表7.2 「熱い―冷たい」と他尺度との相関（大山，1962）

尺　度	相関係数
熱　い　―冷たい	―
近　い　―遠　い	0.86
まるい　―角ばった	0.81
危　い　―安全な	0.79
さわがしい―静かな	0.79
派手な　―地味な	0.71
嬉しい　―悲しい	0.70
女らしい　―男らしい	0.66
不安定な　―安定した	0.61

こうした色がもつ生理的な効果は，心身の健康回復のためのカラーセラピーや色彩療法におおいに活用されつつある．たとえば，神経の緊張を軽減するためには，水色のパジャマを着て眠るほうが，ピンクのパジャマを着るよりもリラックスして眠ることができる．精神病院では患者の気持ちを落ち着かせるよう，沈静色で統一している．また，娯楽室のように楽しい気分で過ごす場所は気持ちを浮き立たせるために暖色系の色を配するなど，生理的，心理的な面より色彩調節を行っている．

b. 色の軽重感

物理的には重さのないはずの色が，見かけの重さを感じさせる．一般に暗い色は物体を重く見せ，明るい色は軽く見せる．

図7.8は，色の見かけの重さ感と色の三属性の関係を等色相面で調べた結果である．各色相ともやや右下がりとなり，ほぼ一致した傾向を示しており，色相の影響が小さい．そこで，明度と彩度の関係を調べると，

$$7.28\,V(明度値) + 1.00\,C(彩度値) = K(定数)$$

となり，見かけの重さ感には明度が彩度の7倍以上影響することがわかる．

こうした明度が大きく影響することを利用して，運搬作業の箱には明るい色を用いて重さを軽減して見せ，運搬作業の能率を高めるよう工夫している．服装色のコーディネートにおいては，ブラウスに明るい色，スカートに暗い色を使用すると安定感が得られ，ブラウスとスカートの色を反対にすると不安定ではあるが，軽快な感じを表現することになる．

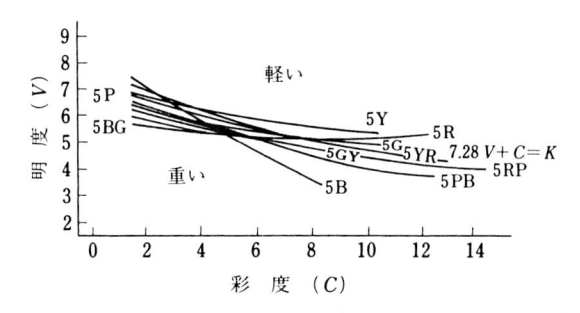

図7.8 軽重感と色の三属性との関係（相馬，富家，千々岩，1963）

c. 色の派手・地味感

　色の派手・地味感は彩度に左右され，彩度が高いあざやかな色は派手な色で，彩度の低い灰みがかった色やくすんだ色は地味な色となる．

　ところで日本の茶室，茶の湯道具の色は，落ち着きのある日本人のわび，さびの色世界の基盤をなすもので，その雰囲気から地味さの感情が生まれる．また，ネオンサインやスポーツウェアの色は，他者から目立つことが要求されるため，派手な感情が生まれてくる．

d. 色の硬軟感

　色の硬軟感は軽重感と同様，主として明度が関係し，明るい色はやわらかく，暗い色はかたい感じがする．しかし，色相や彩度の影響も感じとることができ，暖色系はやわらかく，寒色系はかたく感じる．したがって明るい暖色はやわらかく，純色や暗い色で澄んだ色またはにごった色はかたい．

　赤ちゃんの肌の色，お菓子のマシュマロの色は，見るからにやわらかい感じがして，かわいい，おいしそうなといった印象を受けるが，反対に鉄の色である茶，紺色の背広は，重そうな，かたい印象を受ける．

　このように硬軟の感情は，物体表面の質感からの印象が強く，無光沢の色は光の反射が乱反射となるのでやわらかく見え，光沢のある色は正反射となるのでかたく見える．これも寒暖と同じように共感覚現象である触感的な要素が含まれている．

e. 色の清濁

　純色となる基の色に白または黒を加えてつくる色を清色とよび，にごりのない澄んだ色である．同様に純色に白と黒の灰を加えてつくる色を濁色とよび，これは鈍くくすんだ色である．色には色相が同じであっても，色の濃淡によって区別できる色調（トーン）がある．これは明度と彩度を含む複合概念で，色相にかかわりなく存在するもので，清色にはb，lt，p，dp，dkトーン，濁色にはltg，g，dトーンがある．

7.3　SD法による色のイメージ

　私たちは同じ色を見ても，個々に異なった色のイメージを思い浮かべる．色のイメージは，感じ，印象，フィーリングといった複雑微妙なもので，流動的で不

安定なものである．これを客観的，科学的に測定することが必要である．

オズグッド（Osgood）が，イメージを測定する方法として考案したSD法（semantic differential method）は，元来，意味微分法と呼ばれ「概念」に対して人間が抱く「意味」を分析するために用いられていた心理測定法である．

SD法とは具体的にどういうものか．評定尺度とよばれる両極に尺度をもつ形容詞対，たとえば「明るい―暗い」「強い―弱い」などをいくつか用意して，多くの被験者に対象の印象や概念を7段階または5段階で評定させて行う．そして，各尺度に対して数値（5段階尺度の例：5～1または中心を基点として＋2，＋1，－1，－2）を与え，因子分析法を用いて，複数変数間の相関行列にもとづいて数学的に分析し，尺度のグループ分けを行い共通因子を見出していく．このようにSD法は，評定尺度を選んでいく段階の連想法，実際に評定を行う段階の評定尺度法，因子分析法などの多変量解析の手法を用いて段階的に組み合わせ，整理分析を行うものである．

概念を多くの尺度で評価させることは，各尺度をグループ分けした共通因子を軸とし，ここに各概念を位置づけることで多次元空間ができる．これはマンセルやその他の色体系が，知覚レベルの反応にもとづいて色立体に位置づけることと同様である．色彩の感情から導き出された空間は，感情ないし認知レベルでの反応から構成された色空間である．

現在，SD法は概念だけではなく，五感にかかわる心理測定や景観，マーケティングなど印象やイメージ，雰囲気を測定する方法として広く用いられている．

a．単色イメージ

単色のイメージにはどのような次元があるのだろうか．単色の色彩感情を調べるために，大山ら[9)]が行った因子分析の結果例を表7.3に示す．これは230色の単色を被験者100名に対して，13種類の両極形容詞対を用いて評価を行ったものである．表中の因子負荷量は，各尺度がある因子にかかわっている程度を示す値で，値の絶対値が1に近いほど，その尺度はその因子と関係が深いと判断する．

第一因子は「好き―嫌い」「美しい―きたない」「自然な―不自然な」の尺度で表される評価性の因子，第二因子は「動的な―静的な」「暖かい―冷たい」「派手な―地味な」などの尺度で表される活動性の因子，第三因子は「強い―弱い」「くどい―あっさり」などの尺度で表される潜在性の因子に分類された．

表7.3 単色のイメージ (大山, 1965)

尺度	因子負荷量		
	評価性	活動性	潜在性
1. 好きな―嫌いな	<u>0.9458</u>	0.0505	-0.1145
2. 美しい―汚い	<u>0.9210</u>	0.2942	-0.1188
3. 自然な―不自然な	<u>0.8169</u>	-0.2312	-0.3335
4. 動的な―静的な	0.2267	<u>0.8917</u>	0.2104
5. 暖かい―冷たい	-0.0966	<u>0.7870</u>	-0.0293
6. 派手な―地味な	0.5862	<u>0.7855</u>	0.0208
7. 陽気な―陰気な	0.6070	<u>0.7777</u>	-0.1945
8. 不安な―安定した	-0.1995	<u>0.6702</u>	-0.2893
9. 明るい―暗い	0.6082	<u>0.6111</u>	-0.4757
10. 強い―弱い	0.0764	0.1510	<u>0.9039</u>
11. くどい―あっさり	-0.4328	0.1077	<u>0.8758</u>
12. かたい―やわらかい	-0.2522	-0.4951	<u>0.8372</u>
13. 重い―軽い	-0.4788	-0.4028	<u>0.7780</u>
寄与率 (%)	31.40	31.10	26.32

アンダーラインは各因子について特徴的な尺度であることを示す.

　これは,オズグッドが言葉を刺激として行った研究から,抽出した評価性(よい・美しい・明るい),活動性(活動的・はやい・興奮する),潜在性または力量性(かたい・強い・大きい)の3因子に比較的一致する.

　3因子をそれぞれの軸とする単色のイメージ空間を,色の三属性との関係を調べると,評価性の因子は,色相が緑,青の因子得点で高く,赤,紫で低くなる.明度と彩度は高くなるにつれて評価性が高くなる.彩度が低い場合は,明度が高くなるにしたがい,評価性は高くなるが,彩度が高い場合は,明度が変化しても評価性に変化はない.活動性の因子は赤,黄の暖色系の因子得点が高く,緑,青の寒色系においては低くなる.また,明度,彩度が高くなるほど,活動性が高くなる.力量性の因子は,明度,彩度との関係が深い.明度の低い色は力量性が高い.彩度が低い場合は,明度が低くなるにつれて力量性は高まるが,彩度が高い場合は,明度が変化しても力量性は変わらない.また明度が高い場合は,彩度があがると力量性は高くなる.

　このように単色のイメージは定量的にとらえることができないほど複雑なものではなく,ある程度共通した基本イメージがあり,客観的にとらえられる.

b．二色配色・多色配色イメージ

色が自然界において単色で用いられることはほとんどなく，配色として用いられるのが通常である．この場合，単色としてのイメージだけではなく，色の組合わせによる色相差，明度差，彩度差によって，刺激対象から受ける色のイメージは複雑に変化する．

古くから，配色の感情効果は"色彩調和"の問題として快適さ，美的効果を中心に考えられてきた．しかし実際の配色の感情効果はそれだけに限定されるのではなく，単色のイメージと同じように多角的に検討する必要がある．

この考えにもとづいて，神作ら[10]は二色配色の色彩感情についての研究を行った．赤，黄，青の基準色相を選び，それぞれ色相差，明度差，彩度差のみを変化させた13構成色，計39配色を色紙中央に並置し，20の両極尺度を用いて9段階評定を行った．因子分析の結果，4因子を抽出した．

第一因子は感じが「よい―悪い」「好き―嫌い」などの気持ちよさの因子，第二因子は「明るい―暗い」「陽気な―陰気な」を示す明るさの因子，第三因子は「強い―弱い」「かたい―やわらかい」を示す強さの因子，第四因子は「暖かい―寒い」を示す暖かさの因子と名づけた．

多色配色では納谷ら[11]が，円形配置の120°の等面積に3色を組み合わせ背景別，性別に分析を行っている．表7.4は背景別，性別に対し出現した因子を順に並べたものであるが，背景のちがいにかかわらず，快さの因子，華やかさの因子，目立ちの因子，暖かさの因子，年齢感の因子，まとまりの因子が抽出された．男性の場合はこの6因子で三色配色のイメージがほとんど説明されるが，女性の場合は深み落ち着きの因子の出現が認められた．

配色のイメージは色票を用いた例ばかりでなく，服装，室内空間など種々の場面において色のイメージを測定している．加藤ら[12]はブラウスとスカートの色の組合わせ66種をカラーシミュレータを使用して色変化させ，撮影したカラースライドを15の両極尺度を使って評価を行った．結果を表7.5に示す．

第一因子には「美しい―みにくい」「調和な―不調和な」「好きな―嫌いな」などの尺度が集まり評価性の因子，第二因子は「地味な―派手な」「しとやかな―活動的な」などの尺度が集まり活動性の因子，第三因子は「やわらかい―かたい」「軽い―重い」などの尺度が集まり力量性の因子，第四因子は「ふっくら―ほっ

表7.4 配色感情の背景別・性別分類（納谷, 1969）

背景		N-2		N-5		N-8	
性別		男性	女性	男性	女性	男性	女性
1	因子 比率	快さ 23%	快さ 23%	快さ 42%	快さ 24%	快さ 23%	快さ 24%
2	因子 比率	目立ち 15%	華やかさ 13%	華やかさ 15%	華やかさ 14%	目立ち 14%	目立ち 17%
3	因子 比率	華やかさ 11%	目立ち 12%	目立ち 13%	目立ち 14%	華やかさ 11%	華やかさ 13%
4	因子 比率	暖かさ 6%	暖かさ 9%	まとまり 6%	暖かさ 9%	暖かさ 7%	深み落ち着き 6%
5	因子 比率	年齢感 5%	年齢感 3%	暖かさ 6%	まとまり 3%	年齢感 5%	まとまり 4%
6	因子 比率	まとまり 2%	女性感情の 暗示的感覚 2%	—	年齢感 2%	まとまり 2%	年齢感 2%

表7.5 2色配色のイメージ（ブラウスとスカート：加藤, 1982）

尺度 \ 因子	評価性	活動性	力量性	ほっそり感
美しい—みにくい	<u>0.9688</u>	-0.1197	0.1193	0.1030
調和な—不調和な	<u>0.9608</u>	-0.0473	0.0310	0.0809
好きな—嫌いな	<u>0.9076</u>	-0.0230	0.0991	0.1299
安定した—不安定な	<u>0.7950</u>	0.0178	-0.1163	0.1685
オーソドックスな—ユニークな	<u>0.6898</u>	0.6204	0.1008	0.2022
すっきりした—ごてごてした	<u>0.6156</u>	0.1900	0.5581	0.3572
地味な—派手な	-0.0233	<u>0.9564</u>	0.0709	0.2026
若々しい—年寄りじみた	0.1491	<u>-0.9516</u>	0.0951	-0.1510
しとやかな—活動的な	0.0101	<u>0.9074</u>	0.2908	0.1812
やわらかい—かたい	-0.0854	0.0158	<u>0.9652</u>	-0.1803
軽い—重い	0.1584	-0.1071	<u>0.9147</u>	0.1954
弱い—強い	0.0395	0.5729	<u>0.7562</u>	0.2068
やさしい—きつい	0.1664	0.5809	<u>0.7481</u>	0.1664
ふっくら—ほっそり	-0.3145	-0.3833	0.0389	<u>-0.8324</u>
冷たい—暖かい	0.2020	0.4410	0.4318	<u>0.7177</u>
寄与率（%）	45.0	25.0	16.0	4.8

アンダーラインは各因子について特徴的な尺度であることを示す.

そり」「冷たい—暖かい」の尺度が集まりほっそり感の因子とした.

また，乾ら[13]は室内空間の色彩について検討を行っている．これはホテルロ

ビー，食堂，住居居間などをカラースライドにして，30の両極尺度を用いて評価を行ったものである．第一因子は「年とった―若い」「重い―軽い」「派手な―地味な」「生き生きした―生気のない」「ぼんやりした―はっきりした」などの動きの因子，第二因子は「上品な―下品な」「しっくりした―そぐわない」「すっきりしている―ごてごてしている」などの気持ちよさと新しさの因子，第三因子は「冷たい―暖かい」「かたい―やわらかい」の暖かさの因子，第四因子は「強い―弱い」の強さの因子が抽出された．また同時に室内の現場を刺激として，65の両極尺度を用いて行った実験についても，抽出された因子に大きな相違は認められなかった．

　このように，二色配色，多色配色であっても因子名は多少異なるが，オズグッドの示した評価性，活動性，力量性の3因子は，何らかの形で存在するようである．しかし一方では，配色のイメージになると色はより具体性を帯び，たとえば単色の場合は好きであった色が，配色になると嫌いになったり，不快であった色が快かったり，その反対も生じてくることから，状況に応じて基本因子以外にいくつかの独立した感情が現れてくることを把握しておく必要がある．そしてあらゆる生活環境の中で，目的に応じた色のイメージが得られるならば，できるだけそのイメージに合った色彩計画を行うことが可能となる．　　　　　　［橋本令子］

文　献

1) 山中俊夫：色彩学の基礎，文化書房博文社，1997.
2) 金子隆芳：色の科学―その心理と生理と物理―，朝倉書店，1995.
3) 東京商工会議所編：カラーコーディネーター検定3級テキスト，東京商工会議所，1996.
4) 日本色彩研究所編：カラーコーディネーターのための色彩科学入門，日本色研事業，2000.
5) 大山　正：色彩心理学入門，中公新書，1994.
6) 今井弥生編：色彩学・意匠学，家政教育社，1998.
7) 野村順一：色彩効用論ガイアの色，住宅新報社，1994.
8) 大森正子，橋本令子，加藤雪枝：色彩刺激に対する心理評価と生理反応評価に関する研究，日本色彩学会誌，**24**，50-51，2000.
9) 日本色彩研究所編：色彩ワンポイント5　色彩と人間，日本規格協会，1993.
10) 神作順子：色彩感情の分析的研究，心研，**34**，1-12，1963.
11) 納谷嘉信：産業色彩学，朝倉書店，1980.
12) 加藤雪枝，椙山藤子：被服における配色効果の研究，ブラウスとスカートの色調和，家政学雑誌，**33**，199-206，1982.
13) 乾　正雄：建築の色彩設計，鹿島出版会，1976.

8 色彩文化

　人間は200万年前に原始的な道具をつくり，火を使用し，言葉を使い狩猟や採集などを通して，共同生活を始め，安全な洞窟などで生活をはじめた．スペインのアルタミラの洞窟画は有名である．また顔に赤土を塗るなど，色と生活との関係を密着させて，色彩文化をつくり出していった．やがて色は装飾的表現から呪術的シンボル機能や宗教性，権威性などを象徴する役割として位置づけられていった．自然から採取する顔料や染料の技術や金属加工などの技術を進化させ，色彩文化としての完成度を高めていった．そして世界中で色彩文化を高度に発展させ微妙な色使いや配色調和美を生み出した．わたしたちの生活を豊かに彩る色彩環境を与えてくれる．

8.1　色の連想・色の象徴性[1]

　ある人は赤を見て，太陽やりんごをを思い浮かべ，ある人は情熱を思い浮かべる．この心のはたらきを連想という．色の連想は見る人の年齢，性別，経験，教養，個性や国民性などによって相違が見られるが一般的に判断すると，そこには共通的な連想が存在している．

　共通的な連想の中には具体的な事物を連想する言葉と抽象的概念を連想する言葉とがある．少年・少女期は，動物や植物やくだものという身近にある風物や自然現象など具体的な事物が多く，青年期になると男性は仕事や異性，女性は身につけているものや日常生活のものなど，おのおの社会や家庭に結びついた抽象的概念が多くなる．表8.1を見ると，年齢や性別にふさわしい連想の変化が起きていることが理解できる．

　色の連想が個人差をこえて，社会的，地域的に普遍性を帯びると，色が象徴的な性格をもつようになる．これを色の象徴という．たとえば表8.2のように，緑

8.1 色の連想・色の象徴性

表8.1 色の連想（塚田）

種類 年・性 色	具体的連想				抽象的連想	
	小学生（男）	同左（女）	青年（男）	同左（女）	青年（男）	同左（女）
白	雪，白紙	雪，白兎	雪，白雲	雪，砂糖	清潔，神聖	清楚，純潔
灰	鼠，灰	鼠，曇空	灰，コンクリート	曇空，冬空	陰気，絶望	陰気，憂鬱
黒	炭，夜	毛髪，炭	夜，洋傘	墨，スーツ	死滅，剛健	悲哀，堅実
赤	りんご，太陽	チューリップ，洋服	赤旗，血	口紅，赤靴	情熱，革命	情熱，危険
橙	みかん，柿	みかん，人参	オレンジ，ジュース	みかん，煉瓦	焦燥，可憐	下品，温情
茶	土，木の幹	土，チョコレート	鞄，土	栗，靴	渋味，古風	渋味，沈静
黄	バナナ，ひまわり	菜の花，たんぽぽ	月，ひよこ	レモン，月	明快，溌溂	明快，希望
黄緑	草，竹	草，葉	若草，春	若葉，着物裏	青春，平和	青春，新鮮
緑	木の葉，山	草，芝	木の葉，蚊帳	草，セーター	永遠，新鮮	平和，理想
青	空，海	空，木	海，秋空	海，湖	無限，理想	永遠，理智
紫	ぶどう，すみれ	ぶどう，桔梗	はかま，訪問着	なす，藤	高貴，古風	優雅，高貴

表8.2 色の象徴

赤	情華	熱美	興陽	奮気	憤積	怒極	恋発	愛展	熱熱	心康	幼明	稚光	危我	険儘	強動	烈喜	献嫌	身悪	革活	命妬
橙	華希	美望	陽快	気活	積愉	極快	発息	展成	熱明	康快	明希	光望	我軽	儘薄	動安	喜平	嫌歓	悪喜	活着	妬動
黄	希平	望和	快純	活情	愉安	快息	息味	成長	明理	快潤	希想	望知	軽安	薄平	安静	平和	歓新	喜鮮	着深	動実
緑	平沈	和静	純沈	情着	安涼	息味	味静	長厚	理理	潤理	想知	知真	安真	平悠	静久	和愛	新憂	鮮鬱	深冥	実想
青緑	沈沈	静着	沈広	着漠	涼漠	静深	沈哲	厚理	理幽	理幽	真知	真遠	真実	悠寛	久容	愛遠	憂静	鬱冷	冥静	想厳
青	沈裕	着福	広資	漠力	漠沈	深沈	哲安	理厚	幽静	幽静	知真	遠遠	実深	寛富	容裕	遠清	静穏	冷静	静荘	想厚
紺	裕崇	福高	資神	力秘	沈気	深高	安雅	厚品	静深	静深	真玄	遠遠	深優	富優	裕永	清敬	穏虔	静和	荘孤	厚仰
青紫	崇高	高貴	神厳	秘粛	気高	高烈	雅発	品愛	深雅	深雅	玄優	遠婉	優情	優美	永遠	敬平	虔和	和喧	孤独	仰厳
紫	高躍	貴動	厳厳	粛烈	高活	烈愛	発垢	愛らしさ	雅熱	雅激	優優	婉広	情大	美興	遠奮	平喧	和噪	喧潔	独原	厳始
朱	躍婉	動美	厳強	烈順	活味	愛無	垢着	らしさ	熱愛	激優	優敏	広漠	大堅	興中	奮直	喧清	噪潔	潔量	原秘	始寛
ピンク	婉悠	美然	強厳	順渋	味味	無落	着恐	鷹揚	愛らしさ	優広	敏漠	漠沈	堅大	中厳	直粛	清無	潔為	量無	秘神	寛大
茶	悠不	然安	厳悲	渋味	味哀	落凡	恐怖	揚罪	らしさ	広漠	漠沈	沈黙	大堅	厳謙	粛譲	無暗	為黒	無神	神悲	大望
黒	不荒	安廃	悲陰	悲気	哀気	凡平	怖潔	罪悪	莫和	漠沈	沈鬱	黙清	堅消	謙沈	譲聖	暗黒	黒神	神悲	悲哀	望恐
灰	荒	廃	陰	気	気	平	潔	悪	和	沈	鬱	清	消	沈	聖	黒	神	悲	哀	恐
白	純	真	明	快		潔				浄	清	浄		癖	神	聖	清	楚	信	怖仰

は大自然の草木の色であるところから平和，成長を象徴し，赤は火の色，血の色であるところから情熱，革命を，また白は純真，潔白を象徴する．このように色は特定の社会概念の象徴となり，日常生活のさまざまな場面に登場してくる．

8.2 日本の色の美

a. 位階の色[2]

古代中国に五行思想があり，宇宙に存在するすべてのもととなるものを「木火土金水」とし，季節，方位をも包括する思想に色が配された．すなわち青―木―春―東―青龍，赤―火―夏―南―朱雀，黄―土―年央―中央，白―金―秋―西―白虎，黒―水―冬―北―玄武と位置づけられたが，ここでは色は木火土金水の五行それぞれを意味し，また季節や方位を意味した．

中国の影響を色濃く受けたわが国でも，この五行思想に体系づけられた色彩の意味を知識として理解し，またやがて象徴的な使い方もされた．

飛鳥・奈良時代の色として重要なものに位階の色がある．推古天皇11年（603）隋の制度を参考にして冠位制を始めた．これは徳・仁・礼・信・義・智の位階をあて，最上位の徳に紫をあて以下青・赤・黄・白・黒の順としている．位階には大徳，小徳のように大小があり，色は濃淡で区別し，冠位十二階の制とした．その後，位階の数が増し，冠の色も増えていくたびかの変革が見られる．すなわち大化3年（647）には七色十三階の制が定められて冠と服の色が別になり，また冠は錦製と絹製の2種類となった．その後も位階の服飾の色はたびたび変えられた．

b. 重色目[2]

色彩の意味，色彩感情は，自然の気候風土の中で社会や生活が展開するところに成立してきた．われわれ日本人の生活は四季折々の自然と密接にかかわってきた．色名を見ても，桜色，山吹色，うぐいす色というように四季の花や小さな鳥の名を使って名づけられたものが少なからずあり，その色名は色そのものをさしながら同時に色そのものではない桜や山吹を連想させる．色名に何をもってたとえるかは文化によって異なるが，日本の色彩感情は自然と密接であったことは明らかであろう．その日本の美意識によって衣服の色についても自然や季節を着るという伝統がつくられていった．それが平安時代（794～1185）の服装における重色目(かさねいろめ)に表されている．

男子の直衣(のうし)，狩衣(かりぎぬ)，女子の唐衣(からぎぬ)，袿(うちき)などの表裏の配色をいう場合と，女子の表着，五つ衣，単(ひとえ)を重ね着るときの色彩の配列をさすもの（襲色目）の2種類があ

り，いくつかの色彩のもつ重なりを，あるいは表裏色彩の重なりを一つの体系とみて，この視覚的感覚を自然現象に関連させたものである．それらの配色は季節を感じさせる植物名でよばれ，その植物の季節に着用したもので，着用者の年齢などもほぼ定められていた．種類は時代によって多少異同があり，また同じ名でよばれる色目でも配色の異なるものがある．その一部を表8.3に示す．

女子の重袿と単の配色は表8.4に示すように，重ねる場合の基本は同色の濃淡である．とくに同色を濃いものからしだいにうすく（逆もある）重ねるのを匂い，そして最後が白になるのを薄様と称して好んだ．襲色目は，その植物の季節に着て，植物の風情と季節と一体になることを楽しんだものである．

c. 江戸時代のいき

平安時代の襲色目と並んで高度に発達した服飾文化に江戸後期のいきがある．服飾におけるいき好みは着物の色，文様，装い方など多方面におよぶが，中でも色彩は重要な要素を占めていた．色は藍，茶，鼠の3系統の染料を基調にして紅・緑・黄・青・紫といった他の色調を上染，あるいは下染として併用した陰影ある色調を好む．にごった似たような色合いからわずかの色のちがいを敏感に感じ取り，その一つ一つの色に紅をかけた紅かけ鼠，黒緑をかけた利休鼠，黄緑味の勝ったひわ茶，赤黄味のあるすす竹茶というように色名をつけて識別するため色は限りなく細分化されている．

表8.3 重色目（『止戈枢要』色目抄）

季節	名称	表	裏	季節	名称	表	裏
春	梅重	濃紅	紅梅	秋	桔梗	薄色	青
	桜	白	二藍（紫か薄紫）		萩	紫	薄紫
	柳	白	青		女郎花	黄	青
	菫	紫	薄紫		藤袴	薄紫	薄紫
	つつじ	紅梅(紅)	青		紅葉	紅(赤色)	濃蘇芳(濃赤色)
	山吹	薄朽葉	黄		菊	白	青
夏	藤	薄紫	青	冬	枯野	黄(薄香)	青
	卯花	白	青		雪下	白	紅
	杜若	二藍	青		椿	蘇芳	赤
	花橘	黄	萌黄	雑	松重	萌木	紫
	菖蒲	青	紅梅		葡萄染	蘇芳	花田
	撫子	紅梅	青				

表8.4 女房装束の色（『雅亮装束抄』）

名　称	五　衣	単	着用時期(旧暦)
松重	濃蘇芳　薄蘇芳　萌木の匂ひ三	紅	
紅のにほひ	紅　同色で下へ薄く匂はせる	紅梅	
紅のうすやう	紅匂ひ三　白三	白	
紅梅にほひ	上は薄く　下へ濃くにほふ	青	
紅もみぢ	紅　山吹　黄　濃青　薄青	紅	10月1日より
はじもみぢ	黄二　山吹　紅　蘇芳	紅	〃
楓もみぢ	薄青二　黄　山吹　紅	紅(蘇芳)	〃
紫の匂ひ	上濃き紫より　下へ薄く匂ふ	紅	五節より春まで
紫のうすやう	上より下へ薄く匂はせて三　白二	白	〃
山吹のにほひ	上濃くて下へ黄なるまで匂ふ	青	〃
梅重	白　紅梅匂い　紅　濃蘇芳	青(こき単)	〃
雪の下	白二　紅梅匂ひ三	青	〃
二ついろ	薄色二　うら山吹二　萌黄二	紅	〃
いろいろ	薄色　萌黄　紅梅　うら山吹　うら濃き蘇芳	紅	〃
菖蒲	濃青　薄青　白　濃紅梅　薄紅梅	白	4, 5月
つつじ	紅匂ひ三　濃青　薄青	白(紅)	4月
花橘	濃山吹　薄山吹　白　濃青	白(青)	4, 5月
撫子	蘇芳の匂ひ三　白二	紅	〃
藤	薄色の匂ひ三　白二	白(紅)	4月
かきつばた	薄色匂ひ三　濃青　薄青	紅	5月
すすき	蘇芳のこきうすき三　濃青　薄青	白	8月

d. 日本の建築

日本の建築において素木，すなわち木材の素地のままを生かすことは，古代の神社形式を伝える檜材の素木造りにも見られる．飛鳥・奈良時代のころより中国の建築の極彩色に塗りつぶす手法が取り入れられ，寺院や神社の丹塗りなどとなって伝わってきたが，鎌倉時代はわが国固有の素木造りが復活してきた．自然の材料の色をそのまま用い，その特色をいかんなく発揮させた．これもわが国では良質の木材を豊富に産することにもとづくもので，これを精巧に仕あげ，木肌の美を生かそうと住宅の面でとくに強く，平安朝の寝殿造りにも素木が好まれた．

鎌倉時代は武家造りで，屋根は茅葺きの板庇，柱は丸から角材となり，床は板の間で一部に畳がしかれた．室内は明り障子，板戸，襖があり壁は土壁または板壁といったように素材の色を組み合わせた簡素なおもむきが見られる．

室町時代になると書院造りが起こり，また茶室建築が始められた．建物は木質

の造形美そのものである．床の間，違い棚，書院（客座敷），玄関，紙張障子，青畳などが取り入れられた．

　安土桃山時代から江戸時代になると，素木造りで自然美を求めた茶室風の数寄屋造りが流行した．これらを伝承した日本人の感性は，現在も生きつづけている．和室は日本人の色彩感覚の究極ともいえる．色数を少なくし，明度と彩度をおさえた聚楽壁，柱，畳表のベージュ色，ふすま，障子の白はベージュが美しく映えるようにはたらく．床の間の生け花や和服姿の人物を対比効果，アクセントカラーとして引き立てている．

8.3　西洋の色の美

a. キリスト教と色[3)]

　初期キリスト教は精神に重点をおき，人体の美しさを忌み嫌い，人体の写実的な表現を厳禁したが，色の象徴主義は擁護した．人体の形は生命のない抽象的な象徴に変わったが，色彩は生き生きとしてきた．純色や淡色によって色彩は豊かなものを感じるが形は動きをもたなかった．

　中世はキリスト教を中心に文化が栄え，教会の建築が許されるようになったとき，もっとも壮麗で神秘的な色で満たされ，その美しさが宗教的，精神的なムードを盛りあげ，信仰の感動をいやがうえにも高めた．その色は時代により異なるが，建築手法が変わり，たとえばフレスコ画や壁画が後退し，かわりにステンドグラスが発達すると，寺院の空間は赤，青，緑，黄，茶の5彩の色光で満たされ，時代の先端の技術によってつくられた色が示されてきた．当時の教会堂は儀式の飾り物，祭服に豊富な色を用い，それをシンボルとして信徒を畏服させた．

　中世に使われた典礼儀式による色は表8.5のようである．白色はキリストの祝祭とかかわりがある色で，栄光と潔白，嬉しさの象徴となる．赤色は熱い愛と殉教者の血を象徴する．緑色は生命の喜悦と希望を表す．これは自然の中でよく見られる普遍的な色で木の葉の芽，万物の成長，教徒たちの生活と願いを象徴する．紫色は罪についての悔いと威厳と尊敬を暗示しながら清潔を象徴する．黒色は一番重くて厳粛で深遠な深さを感じさせる．この色は死とか悲しみ，苦難を象徴して慰霊ミサ聖祭の時に用いる．そのほかにも色の象徴は聖職者の階級制度を表すもので，ローマ教皇は白色を，枢機卿は赤色，主教は紫色，司祭は黒色の服を

表8.5　中世典礼儀式と色

典礼儀式	色彩
待臨節：キリストの誕生を記念する聖誕を準備し，再臨する救世主を待っている時期	黒・紫
クリスマス：キリストの誕生を記念する日	赤・白・黄金色
主顕節（顕顕節）：キリストの洗礼祝日	緑・黄金色・白
四旬節：復活の祝祭を準備するための40日間の期間	黒・紫
復活祭：キリストの復活を記念する日	白
キリスト昇天大祝日	緑
聖神降臨：聖神が師徒たちに降りてきた事件を記念する日	赤

着る．

ルネッサンスの画家たちによって描かれた聖母像は赤の衣服と青のマントによって表されている．これは中世に成立したキリスト教的寓意の伝統にしたがって，色彩が使われているのである．その赤は神の愛を，青は神聖を表している．

b. 紋章の色と意味

中世の封建社会にあって，紋章はヨーロッパにおいて11世紀に十字軍の戦士たちが敵味方を識別する印としてマークや文様が武器である楯に描かれた．初期の紋章の意匠は動物文や植物文などが用いられた．

イギリスでは，各種の団体が楯の形をした紋章をもっているが，それには9つの色がシンボルとして用いられている．金色または黄色は名誉と忠誠，銀色または白は信仰と純潔，赤は勇気と熱心，青は敬虔と誠実，黒は悲哀と後悔，緑は青春と希望，紫は王威と高位，橙は力と忍耐，赤紫は献身を表すという．

c. ローマ時代のトーガの色

ローマ時代の男性服トーガ（toga）は，装飾や色彩によって社会的地位や階級を服装に表し，これを制度とした．淡いクリームがかったトーガは市民の正式な服，白いトーガは官吏の候補者のもの，暗灰色か茶がかった黒に近い色は喪服である．紫などの縁飾りをつけたトーガは統領，執政官，検閲官，総統などの官職者，紫地に金刺繍したものは皇帝の官服や私服，紫のボーダーのあるトーガは大礼服というようなものである．この皇族や貴族だけが着ることを許された紫色はテュロスの紫，深紅ともいわれ，えんじ色に近い色で地中海産の巻き貝の抽出液

によって染められた．この染料は前11〜前7世紀の間，古代フェニキアの首都テュロスから各地に輸出されたもので，後には法王や枢機卿が教会で着るローブの色として使われ，今日に引き継がれている．

　女性の衣服の色は結婚式に着る白，または赤橙色を除けば，広く各種の色が用いられ，色調としては淡い明色の華やかなものであった．しかしこの場合にも紫の服飾は上流婦人のみに限られていた．

d．西洋の美的形式原理

　西洋には古代哲学に端を発する美的形式原理があり，歴代の哲学者により着実に美の原理が積み重ねられてきた．ギリシャの哲学者プラトン（platon）は「適度さとつり合いは常に美しい」という考え方やドイツの心理学者フェヒナー（Fechner）が説いた「美は複雑さの中の秩序にある」という考え方が西洋諸国に共通する原理として受け継がれている．

　全体と部分との構成関係において，美しさを生み出す基本的条件として考えられているものにバランス，リズム，プロポーション，ハーモニーがある．

［加藤雪枝］

文　　献

1) 塚田　敢：色彩の美学，紀伊國屋書店，1969.
2) 中井長子，相川佳予子：服装史—西洋・日本編—，相川書房，1982.
3) ルイス・チェスキン著（大智　浩訳）：役立つ色彩，白揚社，1954.

9 生活素材と色

9.1 生活素材と色

　私たちが生活の中で用いているほとんどのものは色をもっており，自然の色，人工的な色，物の色，光の色などさまざまな性質の色が混在してる．それにもかかわらず，私たちは何の不都合も感じないで生活の中に色を取り入れている．ここでは，着色剤によって人工的に与えられている色，すなわち物体色について，その着色剤を中心に，繊維素材，プラスチックについてはその着色法，着色されたものの性質を考える．

　現在，生活にかかわる素材が多様化し，求める特性もより高度になったため，着色剤，着色法も非常に複雑になっている．また色は実用的にも大きな役割をもっている．たとえば道路，工場，飛行場，病院その他多くの公共の場所で，色彩ゆたかな安全標識や案内表示が見られ，生活には欠かせないものである．

　そのほか，着色材は表面を被覆して素材をそのおかれた条件から保護するためにも大きく役立っている．たとえば，屋外のペンキ，防腐剤，さび止めなどがある．その際にも単に機能だけでなく，周囲との色の調和が求められている．

　また近年，外部の刺激，たとえば光，電場，熱などに反応して，新しい機能を発生する色素分子が機能性色素とよばれて用いられるようになった．これはエレクトロニクス関連の領域での開発にともない，ここ10年ほどの間に急速に私たちの生活にかかわるようになったものである．

　一般に色を考える場合，消費者にとっては，美しい色または，それが使用期間を通じて長く保たれるかどうか，人体にとって安全であるかなどが問題になる．一方生産者側から見ると，着色剤，着色の技術に加えて，労働衛生の面も含めた安全性，染色排水の環境に対する影響などが大きな問題となる．着色剤は単に私

たちが生活の中で色を楽しむということを超えて，多くの社会的な問題を含んでいる．

9.2 着　色　剤

　一般に染料，顔料など可視光線を選択吸収して固有の色をもつ物質を色素という．天然の素材の中にも美しい色をもつものが多くあり，これらは古くからよく利用されてきた．色素がなんらかの方法で基質に付与され，実用的な条件下で，ある程度の堅牢性をもつとき，着色剤として用いられたことになる．

　19世紀中頃までは植物，動物，鉱物から得られた天然の染料，顔料が利用されてきた．1856年にパーキン（Perkin）が偶然，紫色の塩基性染料モーベインを発見して以来，多くの合成染料が開発された．日常生活にかかわるものにはほとんど合成染料が用いられている．ただ食品，化粧品については天然の色素の使用率が高い．現在用いられている着色剤の概略を以下にまとめた（表9.1）．

　着色剤は発色の機構，着色の状態，着色法などのいろいろな面から分類される．表9.1に示したとおり色素・染料・顔料に区別されるが，実際には染料が圧倒的に多い．同じ染料，顔料が異なる素材に用いられるし，適応される素材，方法，使用状況により重要視される点も異なる．

a. 染　料

　染料は一般に水に溶ける有機性の色素で，溶解した状態で繊維の内部に拡散し，染色という操作で染着され，目的に応じた堅牢性をもつ物質をさす．しかし染色浴中で還元され初めて水性になるバット染料や，微視的には水に完全には溶解しない分散染料，油溶性で有機溶媒中で染着するものも染料としてあつかわれてい

表9.1　主な着色剤と用途

着色剤		使用例
染　料	一般染料，蛍光染料	繊維，紙，皮革，プラスチック
顔　料	有機顔料	繊維，紙，化粧品，プラスチック，塗料，印刷インク，ゴム
	無機顔料	ガラス，プラスチック，化粧品，陶磁器，塗料，印刷インク，絵具，合成樹脂，ゴム
色　素	一般色素	食品，化粧品，文具，写真
	機能性色素	エレクトロニクス関連領域

る．また紫外線を吸収して，可視光を放射する蛍光剤は，発色の機構が一般の染料と異なるが染料に分類される．

　染料の特性は，その化学構造と大きくかかわっており，染料合成化学，染色化学，色彩科学などいくつもの領域にわたって研究されてきた．基本的には白色光が物体表面に入射し，どの波長の可視光が選択的に吸収されるかにより色が決まる．染料としては，なぜ可視光の領域に選択吸収が起きるか，その吸収波長を左右しているものは何か，どのような機構で基質に染着するのかが基本的な問題となる．

　染料の発色機構については，まず1876年ドイツのウィット（Witt）により発色団，助色団による説明がなされた．それによると染料はまず潜在的に色を発する原因となる構造部分をもつ必要があり，これを発色団といい，発色団を含む芳香族化合物を色原体とよんだ．つぎに吸収波長に影響をおよぼし，また染着性をもたすために必要な原子団を助色団とよんだ．多くの染料についてこの関係を検討して，新しい染料の合成に指針を与えた．その後，ハートリー（Hartley）は多くの物質について光の吸収と発色にかかわる理論を明らかにした．その後，色と染料の化学構造が量子化学的に関係づけられた．ウィットの考えは経験的なものであったが充分実用に耐え，現在の理論によっても説明できるものである．

　表9.2に染料の発色団，助色団の例を示した．ここでは発色団または色原体の吸収がいずれも波長の短い浅色部分で起こるため，これを深色部に移行する必要がある．このためには，染料分子内発色団と助色団が一重結合と二重結合とが交互に繰り返される共役二重結合系（－C＝C－C＝C－）を形成しなければならない．その共役鎖が長くなるほど吸収波長は長波長側に移行する．吸収波長が大きくなるにしたがい吸収スペクトルは紫－青－緑－黄－橙－赤の順に変化する．これを浅色から深色に移行するという．

　助色団は共役二重結合系の発色団の片側の端に結合して，π電子の状態に影響

表9.2　発色団，助色団の例

発色団		助色団
－NO_2，	＞C＝C＜	－OH，　－NH_2，　－$NHCH_3$
－N＝N－	＞C＝NH	－SO_3H，　－COOH
＞C＝O	＞C＝S	

して濃色効果, 染着性を増す.

　つぎに染料は水溶液から, 繊維などの基質に吸収され, ある程度強固に染着されなければならない. そのための構造的要因が必要となる. たとえば染料は水性になるため, 分子内に水溶性基をもつ必要がある. また繊維と結合させる力は, 化学結合としてイオン結合, 配位結合, 共有結合があり, 物理結合としては, 配向力, 分散力, 水素結合などがあり, 種々の結合が複雑にかかわっている. どの結合が染色にあたり影響が大きいかは基質のもつ極性基による.

　染料の化学構造は一般に非常に大きく複雑に見える. しかし, その構造を各部分を分けて, その機能を理解するとわかりやすい. 染料を化学構造から分類する場合にはいくつかの方法がある. 発色団, 色原体をもとにした例を表9.3に示した. 表9.3中 (a), (d), (e) はアゾ基, (b) はカルボニウム, (c) はインジゴが発色団となっている. とくに (e) は1950年代に開発された反応性染料でアゾ

表9.3 染料の化学構造例と性質

染料名	化学式	堅牢度 耐光/洗濯
(a) アゾ直接染料 (C. I. Direct Yellow 12)	$[C_2H_5O\text{-}\bigcirc\text{-}N=N\text{-}\bigcirc\text{-}CH=]_2$　SO_3Na	5/1～2
(b) カルボニウム塩基性染料 (C. I. Basic Violet 3)	$(CH_3)_2N\text{-}\bigcirc\text{-}C(\bigcirc\text{-}N(CH_3)_2)\text{-}\bigcirc\text{-}N^+(CH_3)_2$　Cl^-	1/2～3
(c) インジゴ染料 (C. I. Vat Blue 1)	(インジゴ構造式)	5/3～4
(d) シスアゾ分散染料 (C. I. Disperse Yellow 7)	$\bigcirc\text{-}N=N\text{-}\bigcirc\text{-}N=N\text{-}\bigcirc(CH_3)\text{-}OH$	7～8/5
(e) アゾ反応性染料 (C. I. Reactive Orange 1)	D染料母体 — T連結基 — X反応基	5/3～4

染料に分類されるが,繊維と共有結合を形成する染料である.これはモノアゾ・ジクロロトリアジン系の反応性染料で,色素母体(D)はアゾ基をもち,連結基(T)を通して反応基-Cl(X)と結合している.分子中のアミノ基,スルホン酸基は染料の水溶性,反応基の活性に大きな影響をおよぼす.一方-Clが綿のセルローズ中のハイドロキシル基と共有結合を形成する.

また実際の染色にあたっては染色方法,素材との関連から分類したものがよく用いられる.表9.4にその概略を示した.現在市販の染料数は国内産だけでも2000種を越え,世界で6000種以上とされている.これら多くの染料を系統的に分類して色相別に同一構造をまとめた染料商品名索引表があるが,もっとも権威のあるものはColor Indexである.一般にはC. I. Nameとよばれ,表9.3にあげた染料にそれを付した.

表9.4 染色法による染料の分類

染料分類	染色法,特徴	主な適用繊維
直接	中性塩(食塩,硫酸ナトリウムなど)を含む染浴から直接染まる水溶性染料.	綿,ビスコースレーヨン,麻,キュプラレーヨン,絹
酸性	酸性浴(酢酸など)で染まる水溶性染料.	毛,絹,ナイロン,プロミックス
塩基性	中性浴からよく染まる水溶性染料,アクリルによく染まるものはカチオン染料と呼ぶ.鮮明色が多い.	毛,絹,ナイロン,アクリル
酸性媒染	クロムなどの金属イオンと錯塩をつくる酸性染料で染色後,後処理を行う.	毛,ナイロン,プロミックス
硫化	硫化ナトリウムで還元し,水溶性として染色し,その後空気中で,繊維上に不溶性染料を形成する.	綿,ビスコースレーヨン,麻,キュプラレーヨン,ビニロン
バット	アルカリ性ハイドロサルファイトで還元し,水溶性にして染着する.後に空気酸化して繊維上で不溶性の染料を再生する.	綿,ビスコースレーヨン,キュプラレーヨン
アゾイック	繊維上でナフトール系カップリング剤と芳香族アミンのジアゾニウム塩を結合させ,水不溶性の染料を形成させる.	綿,ビスコースレーヨン,キュプラレーヨン
分散	水に難溶性であるので,分散剤を加えて染着する.	アセテート,ポリエステル,ナイロン,ポリ塩化ビニル
反応性	1950年代に開発された染料で,繊維上の-OH,-NH$_2$,などと共有結合で染着する.	綿,毛,ビスコースレーヨン,キュプラレーヨン
酸化	酸化されやすい芳香族アミンを繊維上で酸化し染料を形成する.	毛,ヘアーダイ

b. 顔 料

顔料は水や有機溶媒，無機試薬，合成樹脂，可塑剤に不溶な微細な粒子で基質に対して親和力をもたない．したがって媒質，展色剤（ビヒクル）に分散して表面に塗布したり，基質の内部に分散させる．化学構造上で有機，無機顔料に分類される．

有機顔料は一般に鮮明な色と大きな着色力に特徴がある．構造により非常に多くの種類があり，表9.1に示したように繊維，紙，皮革，合成樹脂，印刷インク，塗料などに広く使用されることが多い．また水に可溶性または難溶性のものに無機塩などを加えて不溶性にしたレーキとよばれるものがある．有機顔料は化学構造から見ると染料と同じく，共役二重結合系のπ電子の遷移による可視部の吸収が発色の要因となっており，黄色〜赤色系のアゾ顔料と青〜緑色系のフタロシアニン系の使用量が多く重要な顔料である．染料に比較して，水性の基が少なく，水に対して不溶となることが構造からもわかる．表9.5に有機顔料の例と特性，用途を示した．

一方，無機顔料は用途として充填，体質剤と着色剤の2つに分けられる．着色に関係しない体質顔料は，塗料や印刷インクなどの粘度の調節，塗膜の補強，充填に使用される．二酸化チタン（チタン白）などは屈折率が大きいため，白色顔料としても使用できる．また酸化亜鉛（亜鉛華）は機能性材料として半導性，光電導性などをもつため画像記録材料，センサーとしても使用される．着色剤としての無機顔料は，これに入射した可視光の一部が吸収され，反射または透過した

表9.5 有機顔料の化学構造例と性質

顔　料	アゾ系顔料（C. I. Pig. Red 5）	フタロシアニン系顔料（C. I. Pig. Blue 15）
化学式	（構造式：$(C_2H_5)_2NO_2S$, HO, CONH, OCH_3, CH_3O, Cl, OCH_3, N=N, mp 306℃）	（銅フタロシアニン構造式，Cu中心）
耐　光	VG	8
耐　熱	G（150℃）	VG（200℃）
用　途	印刷インク，塗料，繊維，合成樹脂，ゴム	印刷インク，塗料，繊維，合成樹脂，ゴム，紙，文具，皮革

表9.6 無機顔料の種類と性質

色	種類	耐光性	耐熱性
白	バライト（$BaSO_4$） 亜鉛華（ZnO） チタン白（TiO_2）		
黒	黒鉛（C） 酸化鉄黒（Fe_3O_4）		
黄	クロムイエロー（$PbCrO_4$） カドミウムイエロー（$Cds・nZnS$）	G〜VG VG	F VG
赤	ベンガラ（Fe_2O_3） カドミウム赤（$Cds・nCdSe$） 朱（HgS）	E VG	VG VG P
青	紺青（$KFe[Fe(CN)_6]$） コバルト青（$CoO・nAl_2O_3$）	E E	VG
緑	緑青（$Cu(CH_3CO_2)_2・3Cu(AsO_2)_2$） コバルトグリーン（$CoO・nZnO$）	E	VG

耐光，耐熱性は E(excellent)，VG(very good)，G(good)，F(fair)，P(poor) の順である．

残りの光が目に入り色刺激を起こすという点では染料と同じである．しかし，この場合は遷移金属元素の外殻 d 軌道の電子の状態にかかわっている．表9.6に代表的な無機顔料を示した．色をもつ顔料は鉄，クロム，モリブデンなどの遷移金属が主であることがわかる．このように顔料の色も基本的には，化学式や組成構造によるが，結晶形，粒子の大きさ，その集合状態に微妙に影響される．顔料では基質との親和性より，いろいろな表面での固体の分散状態によって光の反射，吸収，散乱が大きな意味をもつ．無機顔料は，一般に有色のものでも色のあざやかさに欠けるものが多いが，耐熱性，耐光性などの堅牢性にすぐれているものが多い．

c. 食品用着色剤

食品の品質評価は香りと味とテクスチャーと外観の総合として表される．食用色素は合成着色料と天然着色料に大別される．1980年頃から合成色素が減少し，1996年の国内消費量は天然色素23410トン，合成色素164トンで，天然色素がほとんどである．発ガン性などに対する検討からいくつかのものが使用禁止となり，現在食用に供されている合成着色剤はタール系12，非タール系8品目である．天

然着色剤についても使用基準が1981年厚生省より通達された．これによると着色剤とともに適用する食品の種類についても規制が設けられ，一層の注意が払われている．タール系合成食用色素としては黄色2色（4，5），赤色7色（2，3，40，102，104，105，106）号，青2色（1，2）緑1色（3）号の計12種類である．全体の65％は黄色系，30％が赤系である．法的な使用規制は天然色素より厳しくカステラ，キナコ，魚肉漬け物，昆布類，醬油，食肉，茶，のり類，マーマレード，野菜，豆，味噌，スポンジケーキ，鮮魚介類，麺類，わかめ類には使用できない．色素としては一般に水溶性の高い酸性染料である．食用色素について1964年に認可された合成着色料のうち，その後1965年から1972年までに発ガン性，肝機能障害，腎機能障害などで使用禁止になったものは赤色（1，101，4，5，103），黄色（1，2），オレンジ（1，2）緑（1，2）紫1号である．

　天然着色料（化学合成品以外の食品添加物）としては植物，動物が体内で生産した色素を抽出，精製して得られたものがある．カロチノイド系17種（クチナシ，ニンジンカロチン，トマト，トウガラシ，マリーゴールドなど），フラボノイド系17種（カカオ，ベニバナ，タマネギ，シタンなど），アントシアン系32種（アカキャベツ，ブドウ，シソ，ハイビスカス，ムラサキイモなど），その他アントラキノン系，ナフトキノン系などがある．昆布，食肉，鮮魚介類，茶，のり，豆類，野菜，わかめ類に天然色素で着色してはならない．

d. 化粧品用着色剤

　化粧には古くから顔料が用いられてきた．化粧の目的は美しく見せるための彩色だけでなく，被覆，紫外線防止，安全性の確保の意味も大きい．化粧品はベースメイク，補正メイクとしてファンデーション，仕上げメイクとしておしろい，ポイントメイクとして口紅，頬紅，アイライナー，マスカラー，マニキュアに分類される．いずれも肌荒れ，安全性が大きな問題となる．現在使用されている化粧品用色材は顔料（白色，表面処理，複合顔料），有機色素，無機色素，パール顔料であるが，有機色素のタール系色素については，厚生省告示にもとづく化粧品原料基準が定められている．すなわちⅠ類（すべての医薬部外品，化粧品），Ⅱ類（外用化粧品，外用医薬部外品），Ⅲ類（粘膜に使用しない外用化粧品，外用医薬部外品）に分けられる．粘膜以外の外用メイクとしては白粉，粘膜に近いメイク（アイライナー），粘膜用メイクとして口紅があげられる．Ⅰ類は食用色

素，Ⅱ類は酸性染料，油溶染料，バット染料など47種，Ⅲ類には酸性染料，レーキ顔料，油溶性染料など25種が含まれている．近年単に色剤としてではなく，機能性粉体として紫外線カット用に超微粒子二酸化チタンが，また条件により色が変化するフォトクロミズムをもつものが開発されている．

e. 機能性色素

1980年代より「機能性色素」という語が聞かれるようになった．衣服その他に用いられてきた有機染料や顔料は従来，可視光の選択吸収により色を発現し，堅牢性のよいことが条件であった．しかし光，熱，電場などのわずかの外部エネルギーにより特性の変化する色素素材がエレクトロニクスの分野で必要とされるようになった．光伝導性によるレーザープリンタ，カラープリンタ，感酸発色性を利用した感圧記録紙，カーボンレスペーパー，カラープリンタ，ファクシミリ，昇華性によるビデオカラープリンター，帯電性を利用したインクジェット記録用など情報記録用色素として脚光をあびている．いずれも私たちの生活で，オフィスで，学校教育の場で，なじみ深いものである．その他実験室などでは，光，熱，電場で可逆的に変化するフォトクロミック，サーモクロミック，エレクトロクロミックなど，情報表示用色素として多方面に利用されている．

9.3 衣服・インテリア素材の染色

衣類，インテリア製品などでは，とくに繊維の染色は非常に重要である．染着の点から見ると基質のもつ化学構造，とくに染料との親和力の有無が問題になる．その他に素材の微細構造，すなわち結晶性，無定形領域，内部表面など染料の内部拡散に影響する因子，表面の親水，疎水性，凹凸，粗さなど物理的な要素も大きな影響をもつ．

a. 染色の種類

現在の工業的な染色は，浸染，捺染と原液着色に別れる．浸染には染料が，捺染には染料，顔料の両方が用いられる．原液染めは化合成繊維の場合，紡糸の際に着色するもので，染料，顔料の両方が使用されるが，浸染，捺染に比較すると，ずっと少ない．また繊維原料から繊維製品として消費者の手にわたるまでのどの工程で染色されるかによっても種々に分類される．

1) 浸染　　一般に水性染浴中に染料，助剤，試料を投入して所定の時間，温

度をかけて染料を徐々に繊維の中に拡散させていく方法をいう．染料と素材分子の結合が重要で，先に述べた共有結合の場合から水素結合，分散力など種々の強さの物理結合がかかわる．また染料が直接素材分子に結合されず，その間に媒染剤が必要なこともある．浸染は主として繊維に適用されるが，素材と染料の間に親和力がある場合には他の素材にも用いられる．各繊維に対して，適用される染料は繊維の特性，染色方法により変わってくる．

　セルローズ系繊維である綿，麻，レーヨンなどは，極性基である$-OH$基を，たんぱく質繊維である毛，絹では，アミノ基$-NH_2$，カルボキシル基$-COOH$などの極性基をもっており，これらと親和性のある染料でよく染着される．合成繊維の中でもナイロンはたんぱく質繊維と同様の極性基をもつため染まりやすい繊維といえる．一方セルローズの改質繊維であるアセテートは，分子内の$-OH$基が減少しているため，綿用の染料では染まらない難染色繊維となったが，分散染料の開発により十分染色できるようになった．衣料用合成繊維としてもっとも需要の多いポリエステルは極性基が少なく緻密であるため，開発当初は染色の難しい繊維であった．しかし分散染料の開発される一方，繊維についても易染色ポリエステルが開発されて，現在のように美しい色合いが得られるようになった．現在でも繊維の染色は繊維の化学的な改質，新しい染料の開発，助剤，キャリアーの適用など種々の改良が重ねられている．さらに，省エネルギー，経済効率，環境適応性にも重点がおかれている．

　実際に用いられている染料の消費量は反応性染料，分散染料が非常に多い．反応性染料には毛用のものが含まれ，分散染料にはポリエステル以外の合成，化学繊維用の染料が含まれている．これは衣料に用いられる繊維の使用量と密接に関連している．日本における繊維消費量[9]は1999年実績で約173万トンである．そのうち衣料，インテリア関係に86.8万トンが使用され50.2％を占める．そのうち天然繊維が37.9％，合成繊維が57.2％となる．繊維の種類をみると衣料用として綿が47.4％，合繊繊維が49.5％でこのうちポリエステルが33％を占める．インテリアについてはポリエステルが44.8％を占める．このことから綿の多くは反応性染料で，ポリエステルは分散染料で染色されていることがわかる．

　2）捺染　　捺染は糊剤の中に染料，または顔料を加えて，適当な型紙などを用いて，印捺して柄をつけるもので，一般にはプリントとよばれる．手工芸とし

て，古くから各地で友禅，ろうけつ，沖縄の紅型など多くの美しい捺染の織物が伝えられてきた．色の付与の仕方，柄のおき方，糊剤などの種類が工夫されてきたが，今日では自動制御された大規模な捺染機が多く用いられている．実際には織り物，編み物，時には糸や中間製品であるスライバーにも染料や顔料でプリントが行われることもある．柄をデザインし，スクリーン製版やロール彫刻などで型をつくり，捺染糊を調合して布の前処理，印捺，乾燥，固着，水洗，乾燥を行う．染料，顔料の両方が用いられている．顔料の場合には繊維との親和力が少ないか，またはないため，あらかじめ顔料粒子を合成樹脂と混合した糊で捺染して後に加熱または放置することにより，樹脂を繊維上で硬化させ，顔料を繊維上に固着させる方法を用いている．水の中に，顔料をあらかじめ界面活性剤を用いて微粒子に分散加工されたものを使うことが多いが，これをピグメントカラーレジンという．

　衣料用について国内向け，輸出用を含めて，使用された染・顔料は1997年度は19318トンあるが，染料が17579トンで全体の91％，顔料が9％である．さらに染色された織物についてみると77.7％が浸染，23.3％が捺染である．この比率はポリエステルでは浸染が92％，綿では逆に61.1％が捺染である．このように実際の染色にあたっては，繊維の種類により大きく異なっている．型を布上におく方法により自動スクリーン捺染，ローラ捺染，転写捺染，手工業としての手描き，注染などがある．染色された製品を注意して見るとどのような手法が用いられたかがわかる場合も多い．柄が表だけにあるもの，裏の色がうすいもの，柄の境目が織り目にかかわりないものは捺染されたものである．染料・顔料が表面に限られているもの，繊維内部に分子がある程度拡散しているものなどいろいろな場合がある．

　そのほか立体捺染といわれる発泡プリントがある．これはガスを封じ込めたマイクロカプセルを120～140℃で加熱させるもので，トレーナーなどに用いられ，表面が盛り上がっている．さらに透明捺染といわれ生地の上に繊維素材とできるだけ近い屈折率をもつ樹脂でプリントして，繊維間の空隙をうめ，乱反射を起こさないようにしているものもある．このように被服に対する着色は用途，デザインに応じて多くの方法がとられている．

b. 染色堅牢度

日常の生活の中で着色されたものは，少しずつ変色したり退色したりするいわゆる色の堅牢性が問題になる．一般に使用中着色されたものが吸収した可視部，紫外部の光エネルギーの一部は熱として放出され，一部は酸化，還元，加水分解などの反応に費やされ，退色や変色を起こす．実際には染料の化学構造，染料の物理構造，基質の性質，状態（微細構造），染料以外の共存物質（固着剤，各種処理剤，ビヒクル）が複雑にからみ合い，同一染料の場合にも染着している基質の種類，吸着状態により異なる．また，素材自身の変質が問題になることがある．たとえば毛，絹，ナイロンは白物であっても日光で黄変して，その結果，色物についても色調が変わる．一般的には堅牢度の項目として，耐光，耐候，耐摩擦，耐熱，耐洗濯，耐薬品，耐ガス性などが問題になるが，その重要性は製品により異なる．また実際にはこれらの条件が複合されて作用が大きくなるので，その面の試験が大切である．

繊維製品についてはJIS Lに細かく規定されている．洗濯堅牢度など水，溶媒に対する堅牢度は試料布の変退色をグレースケールと呼ばれる比較用基準スケールと比較して1～5級とする．また同時に入れた白布への汚染度も参考とする．一方日光，耐光堅牢度などは試料布とブルースケールと呼ばれる毛織物を同時に露光して比較し1～8級に区分される．試験にあたっては，実際に太陽光に暴露する場合と人工の強い光に暴露して試験に要する時間を短縮する促進試験がある．いずれも等級の数字の大きい方が堅牢性が高い．色差計などによる測色による検討も種々なされているが，変退色に対する評価は最終的には，人の目で判断することになる．しかし繊維にかぎらず，変退色は種々の条件の複合で促進されることが多いため試験としてもその点の考慮が必要である．繊維製品については光と汗の複合堅牢度試験についてJISに規定されている．

c. 染色にかかわる問題

染色，捺染であつかう染料，薬剤，染色物の安全性，染色，捺染工程からの排水や排出ガスの環境への影響が問題となり，種々の法制上の規制とともに，企業としても種々の取り組みがなされている．ヨーロッパではÖko-Tex Standard 1000[10]が重要な基準で，染色，捺染品から汗や唾液で抽出される染料，重金属の規制が，また発ガン性の染料や，還元により発ガン性のある芳香族アミンを分

離する染料の使用を禁止している．わが国でも使用上注意を要するベンチジン系，O-トルイジン系アゾ色素などの染料リストの作成が進められている．

　染色にともなう排出物の削減，ゼロエミッションをめざして種々の取り組みもなされ始めている．具体的には，固着率の高い反応性染料の開発，捺染用型製造工程で感光剤として酢酸クロムをクロムイオンを含まない感光剤にするなどである．また排水の染料による着色，染料の生分解性，pH，BOD，COD，SSその他残留塩素，溶存塩類，硫化物，臭気，泡などについては各工場による差が大きくそれぞれに対応をせまられている．

9.4　プラスチックへの顔料の応用

　日用品，インテリア製品，その他住居関連素材，屋外表示として多くの種類のプラスチックが使用されている．それらの多くは着色されており，使用されるプラスチック材料はポリプロピレン，ABS，ポリ塩化ビニル，ポリスチレン，ナイロン，ポリカーボネート，アクリル，ポリエステルなど多岐にわたっている．これらに対する着色は図9.1に示したとおり，内部着色と表面着色に大別されるが，いずれも顔料が使用されることが多い．

　内部着色の場合には顔料などが溶融したプラスチックへ練り込まれるため，色剤自身の耐熱性が重要である．また顔料は粒子状態でプラスチック中に均一に分散されなければならない．そのため顔料を分散剤（ビヒクル）などで加工してペースト，パウダー，ペレットの状態にしてから練り込む．加工した顔料をプラスチックの着色の場合には着色料と呼んでいる．これら顔料，着色剤がプラスチックの特性を低下させてはならない．

　一方表面への着色については塗装のほか，印刷，フィルム貼付などがある．塗

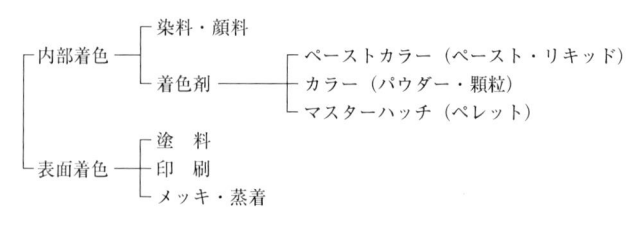

```
                    ┌ 染料・顔料
        ┌ 内部着色 ┤                   ┌ ペーストカラー（ペースト・リキッド）
        │          └ 着色剤 ──────────┤ カラー（パウダー・顆粒）
        │                               └ マスターハッチ（ペレット）
        │          ┌ 塗　料
        └ 表面着色 ┤ 印　刷
                    └ メッキ・蒸着
```

図9.1　プラスチックの着色

装は顔料，樹脂，添加剤を溶媒に分散させ，「塗る」という操作で表面に色を施し，その後乾燥などにより，表面に皮膜（塗膜）を形成させる．均一性の高い塗膜を形成するためには，表面の前処理，塗装方法，塗料の安定性など多くの要因がある．

　着色されたプラスチック製品は，屋内で使用されるものについては製造時の熱などに対する退色がまず問題になる．屋内で使用するものについては，ガラスを透過した日光に対する色堅牢度試験がJISに規定されているが，屋外で使用されるものについては，耐光，耐候堅牢度，すなわち，光，排気ガス，風雨による複合条件下での素材自身の劣化と変退色が問題となり，非常に厳しい質が要求される．

　プラスチックの場合，色剤についての安全性は食器，包装紙などで問題となる．食品衛生法告示第98号で鉛，カドミウムを含む顔料は禁止されている．また告示第370号では「食品添加物以外の着色料では着色料が溶出または浸出して食品に混和するおそれがないよう」に規定されている．そのほかに業界の自主規制がある．アメリカでは「アメリカ食品医薬品庁」（FDA）の間接食品添加物規制により厳しく規制されている．日本では「ポリオレフィン等衛生協議会」から着色プラスチック板の溶出試験にもとづく各顔料・染料の「ポジティブリスト」が発行されている．

　日常の私たちの生活の中で見られる着色剤を種々の角度から見てきた．表面的に着色剤を色のちがいとしてとらえてきた種々のものが，多くの要素の上に成り立っていることがわかった．今後，機能性色素を含めて，さらに色剤も，着色される素材も新しいものが開発されよう．色剤だけでなくすべての化学物質について，人体への影響，環境への影響が懸念されている．製造にかかわるひとびとはもちろん，消費者一人ひとりの関心と，注意，そして危険を避ける姿勢が望まれる．

［寺田純子］

文　献

1) 日本化学会編：化学便覧 応用化学編Ⅱ 材料編, 丸善, 1986.
2) 色材協会編：色材工学ハンドブック, 朝倉書店, 1997.
3) 伊藤　博：新実用染色講座, 色染社, 1987.

4) 江崎　正編著：色材小百科，工業調査会，1998.
5) 大河原信他：機能性色素，講談社，1992.
6) 安部田貞治他：解説染料化学，色染社，1989.
7) 西　久夫：色素の化学，共立出版，1998.
8) 日本規格協会編：JISハンドブック　色彩，日本規格協会，1998.
9) 日本化学繊維協会編：繊維ハンドブック2001，日本化学繊維協会資料頒布会，2001.
10) 尾村　隆：染色工業，**45**，369，1977.

10 生活における色彩計画

　色はすべてのものにかかわっている．これは単に色がすべてのものに存在しているという理由のほかに，色がそれぞれにとって大きな力をもっていることを意味する．そのため色彩計画は衣，食，住のすべての分野にとって大変重要な要素といえよう．

10.1　生活環境の色彩計画の概要

　町の景観などにとっても，遠くから認識できるのは形より色である．どんな形の建物かより，どんな色のビルかを人は気軽に説明する．街を走るバスも車種より色彩のちがいがイメージを大きく左右している．色が認識しやすく，ひとびとの共通の言葉になりやすい利点は，ますます私たちの生活の中で重要度を増している．

　そこで，本章では，私たちの視野に入る都市景観や建築，インテリア，ファッション，食関係，工業製品などの分野において，どんな色彩の使われ方がされ，どのように計画したらよいのかを考えたい．図10.1は色彩計画の手順である．手順は計画の内容で異なってくるが，基本的にはこのような流れになる．

```
① 対象の状況調査と分析     ⑤ 色見本・着色模型の作製
② 色彩計画の条件          ⑥ 色彩計画案の検討・決定
③ カラーコンセプトの設定    ⑦ 色彩管理
④ 色彩計画
```

図10.1　色彩計画の手順

a. 色彩計画の調査と条件設定

　色彩計画を行うためにはあらかじめ対象（空間やもの）の性格や取り巻く状況を調査する必要がある．

椅子はとても身近な存在だが，その椅子も少しずつ形や材料とともに色彩が変化している．たとえば，椅子のメーカーから色彩計画を依頼された場合，そのメーカーだけでなく競合他社の商品も調査したり，色彩別の販売数や販売場所の比較，その5年，10年の経年変化，販売店での販売動向調査など色彩計画の重要な資料となる．服飾についても流行，ライフスタイルと服飾の嗜好性などを調査し，把握しておかねばならない．食生活に関しても盛りつけ方，テーブルのセッティングに時代の流れがある．

つぎに，そこで得た資料を整理し，以下のようないくつかの条件を設定し，計画の内容やその範囲，最終的な提出方法などを明確にする．

① 対象となる空間やもののもつ基本的な条件：使用者の世代や性別，使用場所と使用時期，対象の機能や性能，法律など．

② 計画依頼者の与条件：予算，依頼者の趣味，販売場所と販売時期など．

③ 計画者の思考や意図

b．カラーコンセプトの設定

色彩は趣味で変るものと思われがちであるが，企画者の趣味を押しつけたり，その場の感覚だけで決めるものではない．なぜその色彩を選んだのかを明確に説明しなければならない．その主旨がコンセプトである．前項で入手した資料，立てた条件設定から色彩計画の方向性を探っていこう．よりよき調査資料と的確な条件設定が用意されればコンセプトはスムースに得られるはずだ．

コンセプト制作作業は，まずいくつかの仮説を立てていく所から始める．設定された条件の中から何を重要視し，何を依頼者への説得材料とするかを選び取り，いくつかのキーワードをたて，キーワードから仮説をつくる．仮説が複数立てられた場合は最終的にはこれを一つに絞り込みコンセプトとして決定する．

このコンセプトは実際にカラーをつくったり，選択したりする前の作業で，これを依頼者に示し，考え方の共通概念をもち合うことが大切である．もしつぎのカラー制作や選択がうまくいかない時は，常にこのコンセプトにたち戻り，確認しあって再度色彩計画が行われるようにもっていかねばならない．また，それでも難しい場合は，コンセプトの段階から立て直すこともあり，そうなるとかなりの時間と手間が必要になってくる．

c. 色彩計画とプレゼンテーション

　色彩計画の段階では，前項のカラーコンセプトにしたがって色をつくったり選択したりする．「コンセプトは理屈で，色彩は感覚的なものだから」と，せっかくコンセプトをつくっても無視したり感性だけで選ぶとしたら，計画した商品や空間が失敗だった時，その失敗の原因がわからないことになる．かりに失敗してもコンセプトにたった計画は，コンセプトの内容を検討することで原因が見つかることが多い．

　色彩の制作や選択は，対象物や空間などがどの立場のものかで大きく異なる．たとえば，都市景観において建物と建物，建物と道路や標識などの色彩には，さまざまな色彩決定者がからんでおり，また，近くで見るのか遠くから眺めるのかで視野の区域が異なり，どこまでをどの目標をもって色彩計画するかを判断するのは大変難しい．服飾においては個性や性格そしてTPOを考え，食生活においても行事食，季節の演出また食卓の演出など考慮すべき点が多い．また，材料が多岐にわたっており，色彩の統一を図ること，何をテーマカラーとするか，など難しい条件のもとで解決しなければならないことが多い．

　事前に，できるだけ実際に使用される色材を同じ使用法で見本制作し検討するのが望ましく，できるだけ仕あがりに近いできばえを視覚的に確認できることで，デザイン決定に関わる人達の共通意識の統一を目指すことが大切であるが，必ずしもそれを実現できるとは限らない．実際の使用時は大量に用いるのでコストが下がり，使用が可能だが，少量での実物見本は価格的に難しいこともある．

　最終的な色彩の決定が依頼者の趣味で決まってしまうとか，計画者（デザイナー）の好みやエゴイズムで決定されたのではないことを設定条件やカラーコンセプトで示し，その中から最良の案がつくられたことを説明できなければならない．そのためにカラーシミュレーションの各種表現方法が積極的に使用される．つぎにいくつかその表現方法を記す．

　1) 着彩図（2次元表現）　　通常，建造物ではパースとかレンダリングと呼ばれる透視図によってできあがりの完成予想図を制作する．服飾ではスタイル画を描く．とくに行事食では図で示すことが多い．これから制作するものを事前に視覚表現することで，この計画に携わるひとびとに共通した概念をもってもらうことができる．この共有された意識のもとで形・色が検討され，完成後の評価に近

い判断がなされることになる．

　色彩だけのシミュレーションの場合は，図の色彩だけを変化させたものを制作する．従来，線描やモノトーンの図に着色して複数の色彩変化したものを制作していたが，いまでは1枚の着彩図をコンピューターに取り込んで，図の各種の色を変化させることができるようになった．

　2）着彩模型（3次元モデル）　着彩図にくらべ全方向から見ることができ，触ったり，もったりと，実感のもてる検討作業が可能になる．また，表面色が光源の位置によって変化すること，部位によっては同色であっても陰影のちがいが生じるなど，色彩の選定作業が完成作品に近い状況での検討を行うことができる．ただ，着彩作業が短時間では難しく，立体模型の製作は行われないことが多く，行われても色彩検討は最終確認として1色または数色に制限され，制作されることが多い．模型とはいえないが，建物や橋梁などの大きな建造物では，実物大の部分モデルを制作し，全体を想定しやすくする方法も取られる．服飾関係では縮小して制作することもある．

　3）コンピューターグラフィクス（CG）　紙に描いたり，石膏やスチロール樹脂で立体模型をつくったりするように，コンピューターのディスプレイ画面上に2次元・3次元の完成予想図や予想像を表現することができるようになった．この方法は，コンピューターに数多くのデータを適確に入れ込まなければいけないことが欠点であるが，最近は，かなり改善されてきた．長所は修正や付加，部分抹消などが短時間でできることにあり，熟練した者なら誰でも同じように制作することができる．しかし，製作者による個性が出ないことは，安定したシミュレーション内容を約束するが，味やおもしろさが出にくい欠点にもなっている．

　また，制作ツールの手軽さが，反面では画一的なできあがりになり，細かい作業や期待した仕あがり観につながらない難しさがある．

10.2　環境色彩計画の基礎

　ここまで色彩計画の基本的な流れを見てきた．つぎに，環境に関する色彩計画を進める際の基本的な配慮事項を述べてみたい．

　計画には公共的な計画と私的なものを対象とした計画があり，計画するにあたっては配慮すべき事が大きく異なる．たとえば個々の住宅の中は侵すべからざる

個人のプライバシーの守られる世界である．個人がその中をどのような世界につくろうが，外部に迷惑にならない以上許されるべきだろう．しかし，公共の施設や空間ともなると，依頼窓口の役場の担当者や計画者の趣味や好みだけで計画され決定されることは許されない．明確なコンセプトのうえに，計画に携わるひとびとの共通する基本的な配慮事項を確認しておく必要がある．衣服の場合，戸外に出れば，公共の色として認識されることになる．それは，

① 対象とされるものや空間の周りの環境や状況との調和を配慮する，

② 色彩のもつ一般的な共通言語を考慮する，

③ あくまでも美しいことを前提とする，

④ 地球環境的な配慮や長期的な使用を可能にする維持管理に配慮する，

などがあげられよう．

a．周辺環境との調和（環境に美しく調和するには）

ここでは屋外環境を取りあげるが，屋内環境とのちがいは，まず太陽光を意識しなくてはならない．

太陽の季節的変化（太陽高度），1日の時間変化（照射方向），天候の変化（雨や雲などによる光量の変化）は，人間がコントロールできるものではない．もちろん太陽光の影響のない夜の世界においては，照明などの人工光による明るさの調節が可能だが，外の世界の中心時間帯は昼間であり，太陽光の影響の大きさを強く認識しなければならない．

つぎに，海や川や山などによる土地の形状，土の色，気候による植生などのその土地特有の状況，つまり風土と呼ばれる自然景観が屋外環境として存在する．これもそう簡単に取りかえのきくものではなく，景観を構成するための基本的な条件として，色彩計画をする前にしっかりと認識しておくべきベーシックな要素（基調色）である．

そして，私たち人間の手が加えられた人工的な景観がある．これは地域によって民族，宗教，文化，経済力などの特徴が大きく異なり，都市部においては，自然景観以上の影響力をもっている．具体的には，建築物の壁面や屋根，街路面など大きな面積を占め，その色彩は，主調色（ドミナントカラー）として景観形成の中核を構成する．この主調色を引き立たせる配合色（アソートカラー，本章5部c参照）として軒裏，開口部，階段，ベランダ，フェンス，植生などの色彩が

ある．

そして，主調色・配合色に対し，アクセントになるような色として強調色（アクセントカラー）がある．テントや看板，各種の標識や鉢植えや旗，カーテンやブラインドなどの窓装飾材，照明などがアクセントカラーとして位置づけられる．

b．分かりやすさへの配慮（色彩のもつ一般的な共通言語を考慮する）

　1）色彩の固有イメージ　　人が色を見て感じるのは，どの地域でも同じ場合と地域によって異なる場合がある．赤やオレンジなどの色はどの地域でも熱い，暖かいイメージをもっており，青や青紫，青緑といった色は冷たいまたは涼しいイメージをもっている．これらは太陽や火，水のようなどの地域でも共通する強いイメージといえよう．

　また，低明度の暗い色は重くかたいイメージがあり，高明度の明るい色は軽くやわらかいイメージをもっている．これは自然界において，色のうすいもの，透けるものが一般的に軽く感じられ，若い動植物の色を連想するのに対し，暗い低明度色が海の底や動植物の経年変化した色を連想するからであろう．

　これら人類に共通の色彩イメージのほかに，その地域や民族にだけ共通するイメージがある．日本人にとって白は神聖な色，再生の色であるが，中国では死のイメージを持った忌み嫌われる色になっている．またアジア南部では，黄色はもっとも尊い色であり，仏教やヒンズー教の僧侶は黄色の僧衣を着用しているが，西欧ではイエスを裏切ったユダの着ていた衣服の色ということで中世においては卑しい色とされていたようである．このように色彩イメージは地域によって異なることがある．外国へ輸出する製品の色彩計画では輸出相手国の色彩イメージをよく知っておくことが必要になる．

　2）色彩メッセージ（サイン）　　道路の信号機は赤，黄色，青（西欧では緑という）である．これは全世界共通のルールとして誰もが理解するサインだ．色は形より遠くから識別できる利点があり，安全にかかわるものを中心としてサイン計画の重要な要素になっている．非常口の緑のサイン灯，消化器や消防車の赤，弱視者のための黄色の点字ブロックなど私たちの生活を守るために色はあらゆる空間で使用されている．このはたらきの意味を認識し，効果を軽減するような環境計画にならないよう配慮すべきである．独創性や美しさだけを優先させた色彩計画は，ともすると危険で不便な環境になってしまう．

c. 長期的使用への配慮

いろいろなものや空間に対して色彩計画がなされ，さまざまな材料や色が使用されるが，販売時や工事が終了した時点での美しさや効果だけでなく，いかに長期間使用してもらえるかも考慮して計画したいものである．

このためには，まずその空間やものの計画時に，生産性や経済面の検討のみで材料や色が選定されるのではなく，ユーザーがどのように使用するのかを考慮し，長期間の使用で変色しにくいものや汚れにくいものを考慮して色材の選定を行う必要がある． ［雨宮　勇］

文　献

1) 東京商工会議所編：カラーコーディネーター検定2級テキスト，東京商工会議所，1996．

10.3　服飾の色彩

a. 服飾の色彩計画

現代のファッションは個性化，多様化，高度化を極め，はやい速度で絶えず変化している．ファッションはその人の日常生活のシーン，生活空間や社会環境にも重要な影響を与える要素である．これからのファッションを具体的に表現するためには，社会的関連情報に注目し，いろいろの情報を取り入れることである．

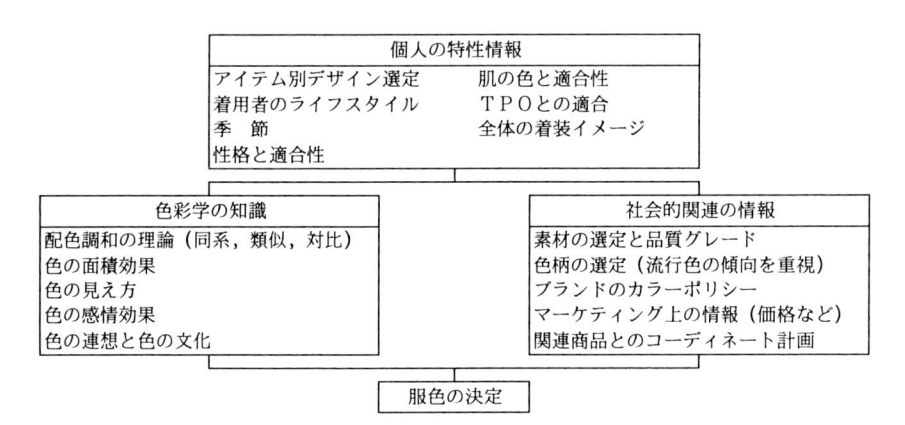

```
            ┌─────────────────────────┐
            │     個人の特性情報        │
            │ アイテム別デザイン選定  肌の色と適合性 │
            │ 着用者のライフスタイル  TPOとの適合 │
            │ 季　節                  全体の着装イメージ │
            │ 性格と適合性            │
            └─────────────────────────┘
   ┌──────────────────┐        ┌──────────────────┐
   │   色彩学の知識    │        │  社会的関連の情報  │
   │配色調和の理論(同系，類似，対比)│ │素材の選定と品質グレード│
   │色の面積効果      │        │色柄の選定（流行色の傾向を重視）│
   │色の見え方        │        │ブランドのカラーポリシー│
   │色の感情効果      │        │マーケティング上の情報（価格など）│
   │色の連想と色の文化 │        │関連商品とのコーディネート計画│
   └──────────────────┘        └──────────────────┘
                  ┌─────────────┐
                  │  服色の決定  │
                  └─────────────┘
```

図10.2　服色決定のプロセス

また色彩学の知識を活用することは大切であるが，被服に特有な色の現象や慣習も理解すること，そして個人の特性を加味し，磨かれた感性によっての服飾計画をすることが大切である．

ファッションにおける色彩計画をするための諸条件と展開プロセスの一例を図10.2に示す．つぎに服飾計画に必要事項について概説する．

b. ライフスタイル表現

わが国の経済は複合不況といわれて久しい．アパレルや繊維業界におけるマーケティング戦略においても，メーカー主導型から生活者主導型へと転換をせまられ，標的とする特定のタイプの消費者に特有な欲求や期待，好み，生活行動のパターンの合致する商品戦略を展開しなければならなくなり，多くのライフスタイル調査が行われている．ライフスタイルは，どういう考え方や生き方を原則として日々の生活を組み立てているかということであり，それ自体で個人の生き方全体を決定する価値観という意味が付加されている．

個人のライフスタイルは，個人や環境とのかかわりの中で成立する．その社会から情報を受け，その社会の中の様々な感じ方，考え方を使ってその情報を判断し，行動を選択する．社会現象であるファッションの数々の中から意図的に選択し，その過程の中で，自分らしさ，独自性が表現されていくことになる．このようにファッション表現は外から見える自分らしさの表現である．

あるアパレルメーカーでは消費者を5つのクラスターに分類しており[1]，現代人の購買行動を説明している．

① 感覚派：自分の趣味，嗜好をはっきりともち，行動的で外交面に鋭い感覚をもっている．男性と女性というより，人間対人間の関係を家庭にもち込んだ新しいタイプの人間像．10代後半から20代が中心で，色柄，スタイルを重視し，機能，価格をあまり問題にしない．クレジット店，生協利用者が多い．

② 主張派：趣味は趣味，仕事は仕事と割り切り，趣味のために仕事や家庭を犠牲にせず，ほどよく自己主張する理想的な市民．20代から30代中心で，スタイルが先行，ついで色柄，そして価格の順である．デパート，専門店の利用者が多い．

③ 調和派：産業マインドを十分もちコミュニティ，家庭を大切にしている．強い消費力があり，関心をもちつづけるタイプ．各世代に分布．価格，色柄，ス

タイル，素材の順で選択．デパート，チエーン店で品揃えをする．

④ 規律派：めまぐるしい価値観の多様化や移りかわりに関心がなく自分の能力の範囲内で生活を送る平均的日本人．40代から50代に多く，もっとも価格重視である．

⑤ 無関心派：仕事，趣味，おしゃれに一貫したところがなく，受身的人生を過ごす人．10代を除く各世代に分布．色柄，スタイルともに無難なものを選ぶ．近くて，便利で安心できればどこでもよいとしている．

c. 性格と被服のイメージ表現[2]

心の時代，個性の時代と称せられる現代，私たちは日常生活のあらゆる面で個性の表現を含む自己表現を行っている．人間には独自の主張があり，何をどのように表現するかは，一人一人の心や個性の表現である．しかし人間が社会生活を営む存在である以上，表現がある程度社会性を帯びてくることも否定できない．そこで被服デザインを取りあげ多種多様なファッションの好みの差異を，流行をも考慮した選択試料を用いて性格との関係の有無を調べている．

被験者に矢田部・ギルフォード性格検査を行い，それらを各性格ごとに分類した．その結果から性格を

① 精神面での安定の有無，
② 社会面での適応の有無，
③ 行動面での積極性の有無，

に分類した．

被服デザインについては，1996～97年のファッション雑誌から24種類を選び，アリスミラー（自動試着装置）を用いて被験者全員の各試料ごとの着装イメージを12形容詞を用いて評定し因子分析を行った．その被服着装イメージは「評価性」「活動性」「個性」「寒暖」の4因子から成り立っており，とくに性格によって差異が生じるであろうと考えられる「評価性」と「個性」の因子に着目し考察した．

評価性の因子すなわち「好きか，嫌いか」「着たいか，着たくないか」「似合うか，似合わないか」を基準にして，被服を選定する際に性格がどのように影響しているかを調べた．

まず精神面の安定型，不安定型では，安定型グループの特徴としては形態に対

するこだわりが強く，パンツ系やショート丈のものなどを好み，活動的なスタイルを好む傾向が強い．不安定型グループの特徴はパターンや色調に対するこだわりが強くとくに青系を好み，柄物を極端に嫌う傾向が強く現れる．

社会面の適応型と不適応型での分類では，適応型グループの特徴は，ボトム丈にこだわりをもち，ショート丈を好み，とくに緑系を嫌う傾向が高いのに対して，不適応型のグループの特徴はボトム丈にはさほどこだわりをもたず，黄系をとくに嫌い，青系を好む傾向が現れている．

行動面の積極性，あるいは消極性の分類に対して，積極型グループの特徴は，白または淡い灰系を嫌い，ロング丈にも理解を示す傾向があるのに対して，消極型グループの特徴はロング丈，柄のあるものや黄系をとくに嫌う傾向を示す．

このように評価性に関するイメージ評価は，被服デザインを総合的に見た場合よりもむしろそのデザインを構成する要素の部分的なものに嗜好的な感覚が生じるものと考えられる．

個性の因子において，すなわち「個性的か，無難か」「流行か，定番か」「大胆か，繊細か」などの判断は，評価性の因子のように被服デザインを構成する個々の要素に対して反応するのではなく，むしろ，その構成要素が集合して形成される被服の全体像に対して，個性的であるとの感情が生じるものと推測される．

個性の因子の面で高い評価を得たデザインがおおむね評価性の因子面で支持を受けていない．このことから被服デザインイメージに対する自己表現は，独自の個性を追求するよりも，周囲にある程度同調することを好ましく考えており，それでもどこかに自分らしさを主張・表現したいと望む傾向があり，そしてその表現に性格による特徴が現れてくることなどを考慮して行われていると推測される．

d. 被服の着装イメージ

1) 季節感と被服の色[3]　　東京銀座の路上では，日本色彩研究所が継続的に女性服装色の調査を行っている．1997年秋から1999年春までの調査結果がまとめられた，各シーズン600名分程度の服装色のデータを大分類色カテゴリーとトーンにより分類が行われた．

上衣における色の出現率の傾向について図10.3に示す．色相の関係としては，white（W），pink（PI），yellow（Y），sky（S）などは春と夏に出現率が高く，black（BK），brown（BR）は秋と冬に多い．このwhite（W）を含むグループの

10.3 服飾の色彩　　　127

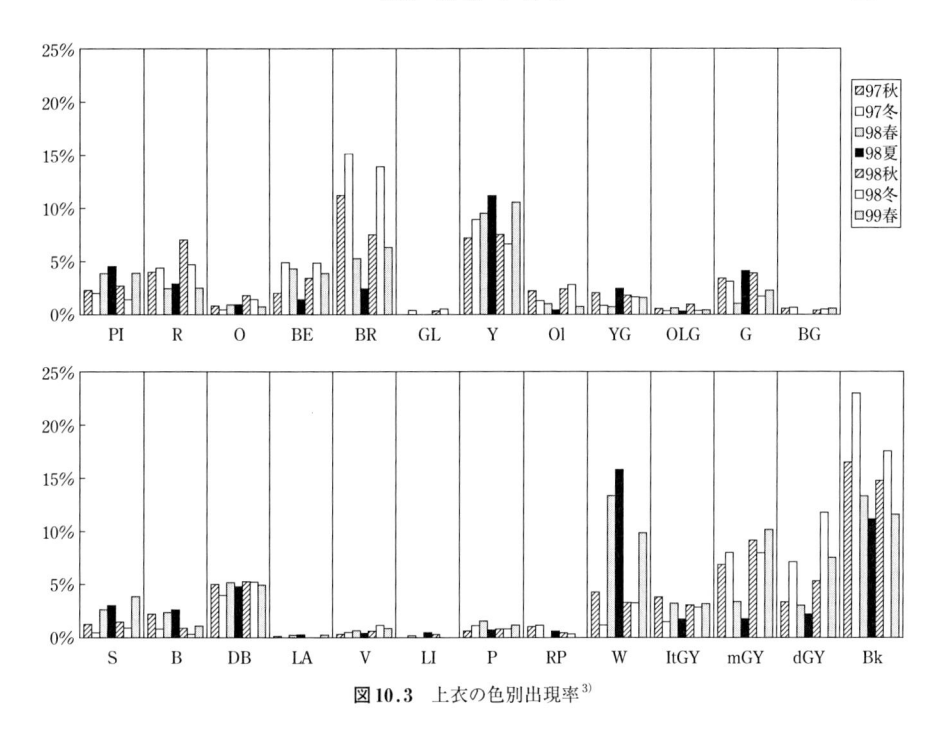

図10.3 上衣の色別出現率[3)]

　色と black（BK）を含むグループの色には負の相関があり，春から夏に増加し，秋から冬に減少する色と逆に春から夏に減少し，秋から冬に増加する色があることが示唆される．medium gray（mGY），dark gray（dGY），beige（BE）は夏には少ないが，冬・春・秋には比較的多い色である．light gray（ltGY），dark blue（DB），orange（O）はシーズンごとの変動が少なく，出現率が安定している．

　下衣における色の出現率の傾向において，white（W），light gray（ltGY），dark blue（DB）などは夏にもっとも出現率が上がり，春と秋ではやや春に出現率が高い傾向にある．black（BK），brown（BR）は上衣と同様に冬と秋に出現率が高い．ただし black（BK）は，brown（BR）よりも春の出現率の減少は少ない．medium gray（mGY），dark gray（dGY）は夏に出現率は下がるが，その他のシーズンでは比較的高い出現率がある．

　上衣におけるトーンの出現率の傾向としては，pale（p）は white（W）と同様に春から夏にかけて増加し，秋・冬には減少するトーンである．dark（dk）と

grayish（g）は blak（BK）と同様のパターンで，秋から冬に増加し，春から夏にかけて減少する．vivid（v）と light grayish（ltg）は98年冬にやや減少しているが，シーズンごとの変動が比較的少ない．

下衣におけるトーンの出現傾向として，有彩色においては，どのシーズンでも grayish（g）がもっとも出現率が高かったが，とくに秋において出現率が高く，冬から夏にかけて減少した．pale（p）は上衣と同様に，春に増加するトーンである．下衣は全体的に上衣にくらべ，季節の変動が少なく，特定のトーンが安定的に出現する傾向があり，高彩度・高明度のもの，明度が低くても彩度が高いものはあまり頻度が高くない．

以上のように，衣服には季節感が現れていることが理解できる．

2）若者婦人服における色彩のイメージ[4]　　袖なし，衿なしのワンピースとテイラードカラーのパンツスーツを若いモデル2名（個性の異なる学生）が着装し，被服の色替えをCGを用いて行なった．20代の若者世代（学生）とその母親の世代を被験者とし，形容語を用いてSD法によって評価し，因子分析を行った．若者とその母親の世代のワンピースとテイラードカラーのパンツスーツのイメージは，ともに2つの因子から成り立ち，同様な傾向を示した．若者のワンピースの因子負荷量を表10.1に示す．イメージ構造は，「明るい―暗い」「若々しい―老けた」「派手な―地味な」「カジュアルな―フォーマルな」などの形容語で表され，年齢にかかわる因子であり，他の因子は「ファショナブルな―時代遅れな」「上品な―下品な」「似合う―似合わない」などの形容語で表される評価性の因子の2つの因子で構築されている．

被験者が若者とその母親の場合，この年齢性の因子を高い，中間，低いの3つに分類する．すなわち「若々しく・派手」「年齢に適切」「老けた・地味」に相当する．そして，評価性の高い色を因子得点を用いて調べると，表10.2のようになる．ワンピースでは派手で評価性の高いワンピースは lt 2（ピンク），w（ホワイト），中庸で評価性の高い色は lt 18（ライトブルー），v 18（ビビットブルー），地味で評価性の高いものは dk 18（ダークブルー），Bk（ブラック），dk 2（ダークレッド）などである．若者と母親の世代での差異は，lt 8（ライトイエロー），v 6（ビビッドイエローイッシュオレンジ），lt 6（ライトオレンジ），v 8（ビビッドイエロー）のイエロー，オレンジ系を母親の世代は派手で，評価性が高いと判

10.3 服飾の色彩

表10.1 因子負荷量(ワンピース被験者は学生)

形容詞対	年齢性因子	評価性因子
明るい―暗い	<u>0.934</u>	0.006
老けた―若々しい	<u>-0.896</u>	-0.125
地味な―派手な	<u>-0.761</u>	-0.009
カジュアルな―フォーマルな	<u>0.739</u>	-0.536
可憐な―大人っぽい	<u>0.951</u>	-0.166
活動的―しとやかな	<u>0.762</u>	-0.314
個性的な―平凡な	<u>0.580</u>	-0.336
ファッショナブル―時代遅れな	0.138	<u>0.865</u>
上品な―下品な	-0.394	<u>0.707</u>
似合う―似合わない	-0.156	<u>0.857</u>
親しみやすい―親しみにくい	-0.220	<u>0.700</u>
好きな―嫌いな	-0.238	<u>0.944</u>
美しい―醜い	-0.025	<u>0.962</u>
固有値	7.765	3.467
寄与率(%)	59.7	26.7
累積寄与率(%)	59.7	86.4

アンダーラインは各因子に特徴的な形容詞対を示す.

表10.2 若者の装着イメージを高める色

| パターン | 被験者 | 評価性因子が高い | | |
		年齢性因子が高い	年齢性因子が中間	年齢性因子が低い
モデル1 ワンピース	学生	v2, lt2, w	v18, lt18	dk2, dk18
	母親	v6, lt2, lt6, lt8, w	v18	dk2, dk18, Gy-5.5, Bk
モデル2 ワンピース	学生	lt2, lt22, w	lt18	dk2, dk18, Bk
	母親	lt8, w	lt18	dk18, Bk
モデル1 パンツスーツ	学生	lt22, w	lt2, lt18, dk2	v22, dk18, Gy-5.5, Bk
	母親	w	v18, dk18	dk2, Gy-5.5, Bk
モデル2 パンツスーツ	学生	lt2, lt6, w	v18, lt22, dk18	dk2, Gy-5.5, Bk
	母親	lt2, w	dk18	Gy-5.5, Bk

断しているのに対し,若者はそのように判断していない.モデルの個性の影響も多少見られる.

パンツスーツについては,被験者が若者と母親の場合,w(ホワイト)が共通して,年齢の因子が高く,評価性も高いとしている.v18(ビビッドブルー),dk18(ダークブルー)が年齢の因子は中庸である.また,Bk(ブラック),Gy-

5.5（メディアムグレイ），dk 2（ダークレッド）を地味で評価性が高いと評定している．

　パンツスーツに対して，このように両世代は，年齢の因子を表現する色についてほぼ同様の傾向を示した．ワンピースに比較してパンツスーツの方が，明度が高く，評価性の高い色の数は少ない．若者の服装色のイメージは，全体に明度の高い色は派手に，色相が 18（ブルー）は中庸に，明度の低い色は地味なイメージとなることが明らかである．

　3）ファッションのイメージ[5]　　ファッションのイメージは色，素材，形が複合して生じる．これらを総合してイメージを描くことが必要である．ファッションイメージは一般的には「伝統的（クラシック）―前衛的（アバンギャルド）」「現代的（モダン）―民族的（エスニック）」「男性的（マニッシュ）―女性的（フェミニン）」「優雅な（エレガント）―活動的（スポーティブ）」のように分けている．

　① クラシックイメージ：テーラードスーツ，シャネルスーツがアイテムとして代表とされる．生地はフラノ，カシミア，ウーステッドなど．色のイメージは深みのある紺，ワインレッド，ダークグリーンなどディープトーン，ダークトーンなどが中心になる．柄は千鳥格子やペンシルストライプなどに代表される．

　② アバンギャルドイメージ：独創的で奇抜な流行の先駆けとなるスタイルをいう．素材は革，合成皮革，金属製の鋲や飾りをつけたもの．色は金，銀，黒，白，エレクトリックカラー（けばけばしい原色）である．

　③ モダンイメージ：無駄を省いたシャープな感覚の装いをいう．単純明快な直線や曲線で表現したもの．ラメ入りやメタリックな感じのものなど．色はモノトーンや色味を抑えたクールな色を基調とする．

　④ エスニックイメージ：素朴で民族の文化や自然なぬくもりが感じられるスタイルをいう．素材は民族の伝統的な柄や色調の木綿，麻，毛など．更紗や刺繍を施したものなど．

　⑤ マニッシュ：パンツスーツにソフトなシャツやブラウスを組み合わせて，女性的魅力を引き出すスタイルをいう．ウーステッド，サージ，ギャバジン，麻，木綿などを使用する．柄はストライプ，グレンチェックで彩度の低い色が用いられる．

　⑥ フェミニン：女性的で繊細な愛らしさを表現する．素材はうすくてやわら

かいものや透明感のあるもの．オーガンジー，ローン，チュール，レース．色は淡くデリケートな色調にする．

⑦ エレガントイメージ：貴婦人のようなイメージで良質の素材，上品な色と形の装いをいう．生地はジョーゼット，タフタ，ベルベット，シルクなど無地が多い．色は白，グレイ，黒，透明感のある色が代表的．

⑧ スポーツイメージ：スポーツウェアの機能と着やすさをファッションに取り入れた健康的なスタイル．素材はデニム，ポリウレタン入りの伸縮素材，防しわや撥水加工された化繊など．色柄はビビッドで明快な楽しいものが多い．

e．配色と技法

1) 配色方法　　配色調和の方法については第5章で述べられている．ここでは被服の配色とその感情効果について述べる．

　調和した配色をつくるには，単色で統一した場合，同系一色相で明度・彩度を変えた配色，類似色相の配色である．単色の場合または類似の色どうしの配色はなじみがよく統一感があり，落ち着いた雰囲気になる．しかし，変化に乏しくやや面白みに欠ける．1色の場合は，その色の性格が出てしまうので，表現したいテーマの色を選ぶ．たとえば，格調高く演出したい場合には明度，彩度を落としたダークトーンで，ロマンティックな雰囲気にしたいときには明度や彩度を高めにしたペールトーンで，すがすがしさを求めるならば寒色系で明度や彩度を高めにしたライトトーンというようにしたい．

　対照の配色では，明度や彩度を変化させてすべてが調和のとれるように工夫が必要である．対照配色の場合には色相のコントラストと明度および彩度のコントラストがあり，色相のコントラストでは補色の関係にある色どうし，明度のコントラストでは例をあげると白と黒，彩度のコントラストならば暗い赤とさえた赤というような配色になる．この配色の特徴は躍動感，明快感があることである．特に純色の補色関係の配色は主張したい場合の色の分量を多くして8：2ぐらいにしてバランスをとるとよい．

2) 配色の技法

① セパレーションカラー（separation color）：似た色どうしの配色には配色の中間にセパレーションカラーをはめ込むとまた新たな調和の配色が生まれてよい．両者に対し明快な色にし，たがいの色を際立たせる色にする．これは反対色

の配色にも用いる．反発している色どうしは，双方に同調しやすい色にする．モノトーンの黒やグレイはよく用いられる．元の色を生かしながら配色にインパクトを与え，新しい表情を生み出す．

②　グラデーションカラー（gradation color）：色相，明度や彩度を段階的に変化させていく配色をいう．このような配色の特徴は，段階的に色が変化するのでリズム感を生む．色相環の高彩度のグラデーションは華やかで躍動感があり，スポーツやレジャー用の衣服に効果的である．またうすい布地をグラデーションに染めて使用することが多い．

③　アクセントカラー（acsent color）：配色の一部に少量の目立つ色を入れる．単調な色調や逆に複雑な色調にアクセントカラーを入れることによって，目をそこに引きつけ，そこに焦点を集めて他をぼかす効果がある．柄と無地という組み合わせ方もある．

④　バランスカラー（balance color）：均衡と定義できる．それはある一つのものと他のものとの色彩上の全体的なつり合いないしは平衡である．左右対称のものはシンメトリー（symmetry）で非対称のものはアシンメトリー（asymmetry）である．配色のバランスは，暖色や純色は目に訴える力が強くその面積を小さくし，寒色や濁色はその面積を大きくした方がバランスがとれる．また明度の点では明るい色を上部にし暗い色を下部にした方が安定がよい．逆にすれば安定性はくずれるが，動的な感じが生まれる．

⑤　プロポーション（proportion）：比例であり，ものの大きさや長さについて，部分と部分，部分と全体がもつ一定の比率をいう．その比率によってバランスがとれ，よいハーモニーが生まれる．黄金比は 1：1.618 である．造形の美をつくり出すためには空間を占める形と色との変化を生かすことである．配色におけるプロポーションは，色の組合わせを色のもつ形や面積との相対的な比例関係として取りあげながら，新鮮な変化を生み出すようにすることといえよう．

⑥　リズム（rhythm）：律，律動と訳される．空間の時間的造形によりリズムは生まれる．形態（形・大きさ・質）と空間の同一の繰り返しによる．または大きさ感覚を等差または等比に級数的比例関係で変化する．色彩の移行すなわち，色の色相，明度，彩度などの三属性の変化などにリズムを感じることが多い．トーンの変化においてもしかりである．グラデーションは階調といわれ，色相，明度，

彩度のグラデーションのように色の漸進的移行によってぼかしや多色配色の効果を生む．それを見る視線が色彩の配列をたどり時間的に動いていくためリズムを感じるのである．

⑦ ハーモニー（harmony）：調和と訳される．ハーモニーは部分としての個々の感覚の内容が，一つの全体としての統一をもたらす関係によって支配され，その関係自体がある種の快感を起こす場合をさす．配色が見る人に好感を与えるとき，それらの色は調和しているというのであり，色の調子の類似性による統一と，反対性による変化とのバランスを適度にとることである．

f．流行色

1）流行色の発生と普及　流行という意味を表す言葉はいくつかあるが，一般的にはファッションがよく用いられる．ファッションとは「多くの人々に一定期間共感をもって受け入れられた生活様式である．したがって，生活文化全般にわたる新たな価値を有するもの」と定義されている．時代によってひとびとの色に対する好みは異なり，この流行色の背景には社会環境，経済状況や生活環境が関係している．

流行色の発生する要因には，以下のような人間のさまざまな欲求が関係している．

① 同一のものから変化させたいという欲求，

② 他人と同一化して，時代の波に取り残されたくないという欲求，

③ 他のものに先行することによって自己を顕示したいという欲求．

② と ③ は矛盾するものではあるが，そのときどちらが優勢であるかによって決められている．これらは自然発生的に起こる場合と企業の市場操作によるものとがある．

流行採用の時期は人によって異なる．採用の時間的な差異によって人間の型を5つのカテゴリーに分類したのがアメリカの社会学者ロジャース（Rogers）である．

① 革新者：他に先駆けて採用する人が2.5％いる．

② 初期採用者：先導者といわれ13.5％いる．

③ 初期追随者：話題になっているものを採用する人は34％である．

④ 後期追随者：話題のものに関心は示すが積極的には対応しない人は34％である．

⑤ 遅滞者：新しいことに関心を示さない人は16％である．

2）流行色の予測　わが国では，流行色予測情報として生活者動向を分析し，カラー情報の発信機関である日本流行色協会（JAFCA；Japan Fashion Color Association）が1953年に創設された．国際的には，同協会を含めて19か国参加で会議を行っている国際流行色委員会（インターカラー：International Commission for Fashion and Textile Color Association）が流行色予測情報のルーツである．インターカラーは1963年に発足した．その後，約30年，ウイメンズカラーの発表を行っている．実シーズンに先がけて2年先のトレンド予測提案を各国が発表（各国提案色は会議時にそれぞれメンバーで交換される）し，そのコンセプトの共通項を軸に色選定を検討する．インターカラーは各国提案色，約400色前後のカラーより20〜30色ほどを選定してカラーパレットが決定される．そのコンセプトやカラーが国際的に認められ，JAFCAから発信されるインターカラーは日本市場にバトンタッチされる．

流行色の予測情報は色の良否が商品の販売に大きくかかわる流行色の予測に不可欠である．JAFCAは1年半先の新しい季節の方向を示すトレンドカラーを発表し，会員となっている産業界や流通業界に伝達している．企業側は生産体制を計画し，商品づくりにかかる．

アパレル業界では，一般に流行の影響をあまり受けない定番商品には，いつの時代にもより多くの人が好むベーシックカラーを，商品サイクルの短いファッション商品には，流行色であるトレンドカラーを中心に商品計画を行っているが，いずれにおいても感性が重要視され個性化，多様化が進む中で，色の果たす役割はますます重要になる．

3）戦後の流行色の流れ[6]　衣服に流行があるように，衣服の色にも流行があり，そのシーズンに多くのひとびとに好まれ着用される色を一般に流行色とよんでいる．このような流行色の変遷をわが国の戦後のファッションの流れの中で見てみると，

① 1945〜50年：国防色（カーキー色）一辺倒だった時代から原色調のアメリカンカラーが流行．

② 1951〜61年：パステルカラーの明るい色，グレイやベージュなど渋い落ち着いた色が流行．

③ 1962〜67年：カラーキャンペーンによりシャーベットトーンなど淡い寒色

系の色がヒット．

④ 1968〜69年：サイケデリックなコントラストの強い配色が流行．
⑤ 1970〜72年：ナチュラルカラーが流行．
⑥ 1973〜80年：アースカラーが進出．
⑦ 1981〜89年：白や黒のモノトーンが流行．

などめまぐるしい変化が見られる．1990年以降エコロジーカラー，モノトーン，マルチカラーが流行している．

g. パーソナルカラー

1) パーソナルカラーとは　パーソナルカラーは，人それぞれの特徴的な色彩表現によって，その人らしさ，人格，個性，役割を示し，ライフスタイル，コミュニケーションにおいて欠くことができない生活上の重要な領域である．パーソナルカラーは先天的な素質と後天的な家庭や社会環境の影響を受けながら，学習などによって発達段階的にパーソナリティが形成され，成人するとほぼ安定する個人のあるいは人格的色彩のことをいう．

2) 肌の色　人は顔，形が一人ひとりちがうように肌の色も異なる．こうした肌の色は，表皮や真皮の厚さや構造により個体差，部位差を生じ，また表皮内にある色素細胞からできる黒褐色のメラニン色素とわずかな量の黄色のカロチン，そして真皮内の毛細血管中の赤色血色素ヘモグロビンの3種の色素の量的変化が皮膚色を大きく支配し，人種，地域，年齢，そして季節による変動に影響を与える．

肌色を分光特性から見ると548 nmと578 nm付近にオキシヘモグロビンに対応する吸収があり，メラニンの少ない色白肌ほどその吸収が強く現れる．逆に色黒の肌は，メラニンが多いため反射率は下がり血液のヘモグロビンによる吸収も小さい．

日本人と白人の肌の色の分光分布を図10.4に示す[7]．白人は$L^* = 66.13$，$a^* = 12.43$，$b^* = 15.26$，日本人の平均値は$L^* = 64.82$，$a^* = 12.70$，$b^* = 15.77$である．日本人と白人はさほど変わらないが明度が日本人は低い．

年齢とともに肌色は黄色に寄り，明度が下がる傾向にある．季節の変化を見ると冬にくらべ夏は赤みで明度が下がり，彩度は上がる傾向にあり，紫外線照射量の増加と関係する．

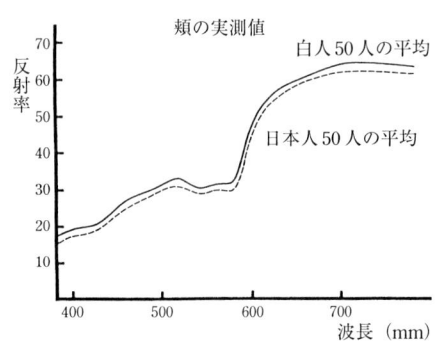

図 10.4 肌の分光分布の比較（棟方）

3) 顔色とカラークロスの色[8)]　顔色の見え方は照明や背景色などのさまざまな環境要因, 洋服の色や化粧などに影響される. 洋服の色によって顔色の見え方がどのように異なるかについて調べられているのでその一部を紹介をする.

顔色の異なるモデルにカラークロスを肩に掛け, 色による顔色の見えの変化を検討するため, 多くの色のカラークロスと顔色を見て, 評価項目の評定値を求めている. グループ1（顔色が黒い）, グループ2（顔色が白い）とグループ3（顔色が普通）の3つのグループに分類された. 同じグループになったモデルの評価値を平均し, 「顔色がきれいに見える」と「布の色はなじんでいる」の結果のみを図10.5に示す. 3つのグループともにおおよそ5Rから5RP間をU字形に変化している. これは5RP, 5R, 5YRのように赤みを含むカラークロスの方が, 5GYから5Pにかけての緑や青系の色よりも顔色がきれいで, 顔に布の色がなじんでいることを示している. 一方, 5GYから5Pにかけては顔色がくすみ, カラークロスの色は顔色となじまず, 顔色が汚く見えてしまう. カラークロスの明度が高く, 彩度の低い, 明るく淡いカラークロスの評価が高い. 明度の低いカラークロスの評価が低い傾向となった. グループ3（顔色が普通）はどのカラークロスの色でも評価が高く, 5Gから5Pの色でもグループ1（顔色が黒い）やグループ2（顔色が白い）のように評価が悪くはならない. グループ1は全体的に評価が低い. グループ2は評価が3（どちらでもない）以下の評価が悪い領域ではグループ1と同程度かやや高くグループ3よりは低いが, 評価値が3以上ではグループ3と同程度かそれより評価が高い場合がある.

［加藤雪枝］

10.3 服飾の色彩

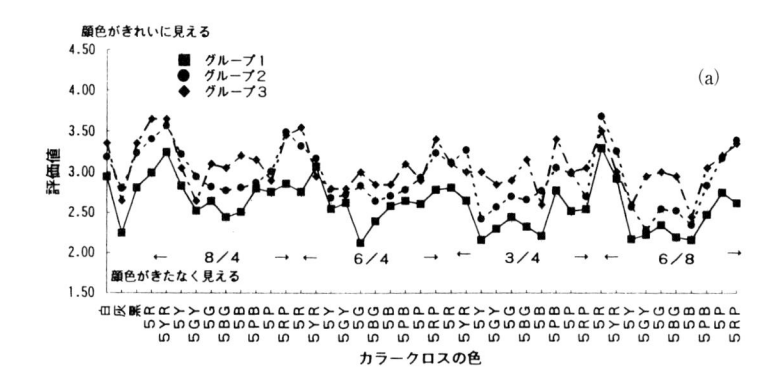

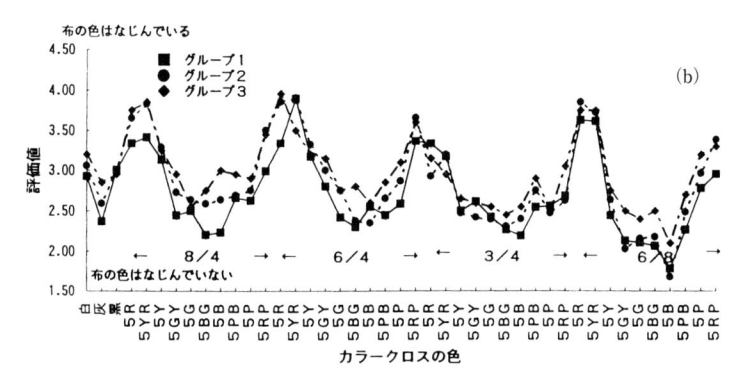

図10.5 顔色とカラークロスの色の評価(佐藤,1999)
(a) 顔色のきれいさについての評価,(b) 布の色のなじみについての評価.

文　献

1) 繊維工業構造改善事業協会:アパレルマーチャンダイジングⅠ, p. 32, 繊維工業構造改善事業協会, 1984.
2) 大島亜矢, 加藤雪枝:被服デザインイメージの表現における性格の影響, p. 111, 椙山女学園大学研究論集第31号(自然科学編), 2000.
3) 江森敏夫, 増田倫子, 名取和幸:銀座街頭における女性服装色実態調査(1997秋〜1999春), 色彩研究, **46**-1, 14, 1999.
4) 森　倫子:若者婦人服における色彩嗜好と着装イメージ, 椙山女学園大学卒業研究, 1999.
5) 林　泉:ファッションコーディネートの世界, p. 25, 文化出版局, 1995.
6) 日本流行色協会:流行色, No. 436, 7-8 (1993)
7) 鈴木恒男:好ましい肌色再現に関する人種間の比較—白人の肌色に対する日本人と白人の好み, 日本色彩学会, **14**-3, 153, 1990.
8) 佐藤千穂:顔色の見えに及ぼすカラークロスの影響, 日本色彩学会, **21**-2, 74, 1997.

10.4　食生活と色彩

　食べることは，生命を維持し，成長するための根源的な行為で，好ましい食べものは，生命を奮いたたせ，精神を高揚させることができる．おいしい食べものが口腔をとおして，体内に取り込まれるとき，快い感覚，おいしさを感知することができる．人はおいしさを高めるため，食物を改良し，加工し，調理し，食卓を演出し，作法を取り決め，知恵と技を結集して民族それぞれの食文化を築いてきた．現在，私たちの食生活は，目新しい食品が開発され，輸入品は巷にあふれている．一見豊かな食生活に恵まれた時代に生きているが，しかし多くの伝統食品が姿を消し，品種の改良によって本来の味が失われたり，忙しさにおわれ，味をたのしむ余裕さえない人も多い．おいしさを左右する原理を追求しながら，食べ物と色との関係を知ってほしい．

a．食べ物と色

　日本料理のよさは，材料の種類が豊富なこと，色彩的に優れていることである．伊勢えびや鮭，赤貝，にんじん，梅干しなどの赤色，卵黄，栗，南瓜の黄色，葉菜類の緑色，昆布やひじき，岩茸，黒豆などの黒色，いか，白魚，豆腐，長芋，大根，かぶら，百合根の白色など変化に富んでいる．

　色が青，赤，黄というように色彩で表現されるようになったのは，前1世紀の前漢の末頃につくられたという陰陽五行説がその基本となっている．中国では，色彩そのものが宇宙を形成する時間と空間を象徴的に表し，青・赤・黄・白・黒の5色が定められていた．もっとも多くの色数を生みだすことのできる三原色（青・赤・黄）と無彩色（白，黒）である．表10.3（五行配当表）に五行（五元素）と色彩，方位，季節の関係を示す．同じ元素に属するものはたがいに象徴関係にあるという考え方である（第8章参照）．

　1）医食同源と色　　中国の「医食同源」という言葉は，おいしく食べながら健康になるという，「健康，即，食」のバランスという漢方医学の考え方によるものである．表10.3五行配当表の五臓の春は肝臓となっている．色は青で，肝臓の悪い人は，早春に出る野菜とか青いもの（緑色のもの）を摂るようにとの意味であり，青いもの（緑）を見ると目が休まる．肝臓は目に関連があることも知られている．夏は赤，夏によく汗をかく赤ら顔の人は心臓が弱い人で，にんじん，

表10.3 五行配当表

五行	木	火	土	金	水
五色	青	赤	黄	白	黒
五方	東	南	中央	西	北
五季	春	夏	土用	秋	冬
五常	仁	礼	信	義	智
五臓	肝	心	脾	肺	腎
五腑	胆	小腸	胃	大腸	膀胱
五竅	目	舌	口	鼻	耳
五味	酸	苦	甘	辛	鹹
五経	足厥陰	手少陰	足太陰	手太陰	足少陰
五志	怒	喜	思	悲	恐
十干	甲乙	丙丁	戊己	庚辛	壬癸
十二支	寅卯辰	巳午未	辰未戌丑	申酉戌	亥子丑

紅花など赤いものを摂るとよい．秋になると白，呼吸器の色で，色が白く胸幅が狭くて首が長い感じの人は，呼吸器が弱い傾向にある．この時期小児喘息も増えてくる，秋には白い食べ物を摂るとよい．大根，れんこんなど咳止めとしても使われる．黄色は消化器の色，季節は土用といって，季節と季節の間をさす，この変わり目には黄色い南瓜，卵黄などがよく，皮膚の黄色っぽい人は消化器が弱い．冬は腎臓，季節色は黒，冬は腎臓がよくはたらく，できるだけ黒いもの黒ごま，黒豆，ひじき，しいたけ，とろろ芋（しばらくおくと黒く変化するもの）などを食べるようにこころがけるとよい，と五季，五色，五臓の関係を表している．この五行の五色が活用され，東洋医学では人の体や感情のはたらきと色，季節の食べ物がすべてつながり合っている．

　日本の懐石料理も四季折々の素材を生かし，色彩の上でも五色を盛り込むという約束ごとがあるが，これも中国の五行説の思想によるものである．

　2）食品の色と天然色素　食品には，いろいろな天然色素が含まれ，特有の色を呈している．表10.4に主な食品と天然色素の関係を示した．同じ赤色と書かれていても，色素の成分によっても変化する．調理の過程での変質，空気による酸化，pH，金属イオンなどによっても変化する．調理の際に褐変反応を起こすこともある．

　3）栄養素と色　体に大切な5色の盛りつけとして「5色運動」というのがある．栄養の摂り方を5つの基本的食品グループから摂るという考え方である．米，

表10.4 食品の色と天然色素の成分

色	成 分	食 品
茶～黒色	メラニン	たこ・いかのすみ，魚類の体表
白色 うすい黄色 黄	フラボノイド	キャベツ，カリフラワー，れんこん，アスパラ，大豆，かんきつ類，玉葱の皮
黄橙色 赤色	カロチノイド	にんじん，かぼちゃ，すいか，トマト，なす，ます，かに，さけ，うに
赤色 赤紫色 紫色	アントシアニン	いちご，ぶどう，赤かぶ，黒豆，あずき，ざくろ，なすの果皮，赤しそ
赤色	ミオグロビン ヘモグロビン （ヘムたんぱく質）	畜肉，魚の血合肉，血液
緑色	クロロフィル	緑黄色野菜

　小麦粉の白，肉や魚の赤，野菜の黄と緑，ひじきやきくらげの黒の色彩を摂っていけば栄養のバランスがよくとれた食べ方であるという簡単な栄養指導法である．料理を器に盛る場合でも目で楽しみ，おいしく食べてもらうため，シェフは肉料理の皿に赤，黄，緑，白，黒と色どりよく野菜をレイアウトする．色彩も美しく栄養のバランスもよく，見るからにおいしそうで食欲をそそられる．視覚が味覚と連動している証拠である．

　4）食欲と色　　きれいに盛りつけられた料理を見れば，誰でも食欲をそそられる．食べ物の色の存在は，顔であり味であるといっても過言ではない．いい色のものを見たら，食べてみたいと思うのは人間の心理として自然なものである．どんな色が食欲をそそるのかについては食品の色と食欲の関係が知られている．図10.6はアメリカ人を対象に調査を行ったものである．このように食欲を刺激する色の順位は，赤～橙色，もも色，黄褐色，褐色，バター色，薄緑，明るい緑で，不快感から，赤紫，紫，すみれ色，黄緑，緑がかった黄色，みかん色がかった黄色，灰色，オリーブ色，からし色などである．

　また，日本人の食品の色とイメージ（表10.5）によると，さえない色は好まれないことがわかる．さらにアメリカ人の嫌いな黄緑が，日本人に好まれるという違いも見られる．このように食べものの色と食欲に関しては，個人差があり，香

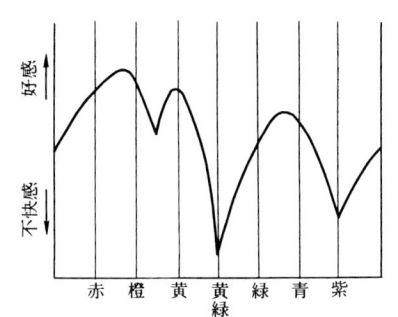

図10.6 食欲と刺激における色の影響 (Birren, 1963)[3]

表10.5 食品の色とイメージ

色	印象
白	滋養がある，さっぱりした，清潔な，柔らかな，涼しい
灰色	まずい，不潔な
もも色	甘い，柔らかな
赤	甘い，滋養がある，毒々しい，新鮮な
赤紫	毒々しい
濃い赤紫(えび茶)	甘い，暖かい，こってりした
暗い茶色	まずい，堅い，暖かい，こってりした
みかん色	甘い，滋養がある，毒々しい，おいしい
にぶいみかん色	古くなった，堅い，暖かい
クリーム色	甘い，滋養がある，さっぱりした，おいしい，柔らかな
黄	滋養がある，おいしい
にぶい黄	古くなった
暗い黄	古くなった，まずい
ごく薄い黄緑	さっぱりした，涼しい
黄緑	さっぱりした，新鮮な
暗い黄緑	不潔な
ごく薄い緑	さっぱりした
緑	新鮮な
ごく薄い青緑	涼しい
水色	涼しい

りや形との関係でも変化し，時代とともに多少変わるものでもある．つまり，「色は感覚なり」といわれるように，物理学だけで片づく問題ではなく，生理学や心理学に関する問題であり，複雑である．

5) 連想と嗜好　食べ物の外観に対する美意識には経験による期待が大きく作用する．実は食べ物の自然の色と異なる見慣れた，色や形に過ぎないことも多い．缶詰や瓶詰のチェリーは輝くような赤色をしているが，それは決して新鮮な

チェリーの色ではない．もしチェリーを煮た時，自然なくすんだ色だったらおいしそうな色に感じるだろうか．塩漬けのたらこも自然のままのくすんだ白っぽい色だったら，おいしそうな色ではなく，薄いピンク色に着色されたものがよく売れる傾向にある．日頃なじんでいるものの色と，かけ離れた色彩であった場合，大部分の人は注目しない．ひとびとはある一定の色彩イメージが習慣になっているという．個人的な嗜好の選択色は，すべて同じ色彩が好まれるということである．たとえば無着色の白いチーズより，クリーム色に着色したチーズがチーズらしくて好む場合が多い．

　菓子の包装や模様，色彩が気にくわないと，その味覚まで低く評価することがある．コーヒーをわかし3つに分け，黄，緑，赤とちがったラベルのコーヒー缶をおいてコーヒーの味を飲みくらべてもらった場合，その結果は同じであるべきなのに，黄色のラベルのコーヒーは味が薄く，緑色のラベルのコーヒーは味がすっぱく，赤ラベルのコーヒーは味がおいしく香りもよいといったことがわかった．缶詰の黄桃と白桃を比較して食べた場合，両方とも糖度は同じでも，黄桃の方が糖度も強く感じている．スイカも赤と黄色では赤が甘く感じている．

　食品の色彩連想は固定化したものが多い，自分のイメージとちがった場合でも若い人ほどはやくチェンジでき適応できるが，老人ほど気味が悪いといったことからチェンジできない．食品は食べ物であるため，食欲につながる色彩に限定され，一般色彩論とはちがっていることはいうまでもない．

b．器と料理の調和

　食べ物の外観すなわち，形，色，艶，盛りつけられた全体の姿や色の配色は，食欲と深い関係をもつと同時に，食欲や味覚の経験をもとに美しさを感じる．季節，風土，地域，民族，習慣，教養など多くの要素が組み重なり，色彩に対する反応は，個人的に異なっている．色彩としては，複数の色を組み合わせることを配色といい，その結果，見る人に快い感じを与えるとき，その配色は調和しているという．しかし人間の感覚には個人差があり，また色そのものの性質も単純に表現されるものではなく色の面積や材質，照明の影響などにより複雑に変化することから，色の調和は，各種の条件の総合和によってもたらされるものである．

　1）盛りつけと色彩調和　　日本人は従来から，料理を盛りつける際に色彩調和，盛りつけ技術に重点をおいてきた．色彩調和の基本には，補色調和，類似調

和，同系色調和，単色調和の方式がある．補色調和とは，赤と緑，黄と紫，黒と白といった補色関係を用いるものであり，刺身はマグロの赤身にしその葉の緑をあしらったり，紫色の揚げ茄子の煮物に淡黄色の生湯葉の煮物を添えたり，黒釉鉢に盛られた木綿豆腐などその例である．類似色調和とは，たがいに同じ色相を含んでいるものの組合わせのことで，茶色と黄色，水色とすみれ色などがあり，茶色の器に黄色い卵焼き，水色の皿にすみれ色の菓子の配色である．同系色調和は，同じ色相の濃淡を用いることで茶色の鉢にベージュ色の鶏肉の煮物．単色調和は有彩色と無彩色の組合わせで，緑や赤など色味があるものを，黒，灰色，白といった無彩色のものと組み合わせるものである．無彩色は料理の有彩色をあざやかに見せる効果がある．黒塗りの四方盆に少しずつ数種類盛られた料理の美しさは，日本料理でよく用いる手法である．このように器と料理だけでなく，料理どうしの組合わせも同様の理論が成り立つ．夏は涼味を感じさせる緑色系，白色系を多く用い，秋から冬へと寒さが増すにつれ，暖色系を多く用いる．赤色や黄色の暖色系は食欲をそそるが，多く用いると俗悪に見え，食欲を減退させる．とくに赤色は少なく使うほど魅力を増す．暖色系が早くなくなると，あと全体がさびしくなるので，暖かい色のものは中央に盛り，2種類あるときは，右むこうと左手前に盛るように心がける．緑色系は炊き合わせに添える木の芽，刺身のつまに用いる海藻などのように，料理にアクセントをつけ，さわやかな印象を与える．

　七種盛りとか九種盛りのときは，あまり色が多くても雑然として食欲がわかない．そんなときは，昆布巻き，黒豆，岩茸などの黒色系を中央に盛ると全体がぐっとひきしまり，見ちがえるほどすっきりして食欲をかき立てる．また，雑然として清涼感を失ったときには，白色系を盛ると，全体が整理されて清涼感がもどる．仕切りの菊の葉や笹，葉蘭は，折詰めなどのとき，個々の料理の味が混乱しないように，しっかり区分するはたらきをする．色彩が不足したときは，松の葉，南天の葉，笹などを添えると，それによってシテ役の料理が引き立って見える．図10.7は折詰めの色彩を表したものである．

　2) 盛りつけの基本と色彩　　盛りつけの基本は，料理に合った器を選ぶことと同時に，おいしそうに見える形のよい盛り方（形），色合い（色彩），食べやすさなど，余情の美を尊ぶことで，必要以上の華美は上品さを失うので注意すべき

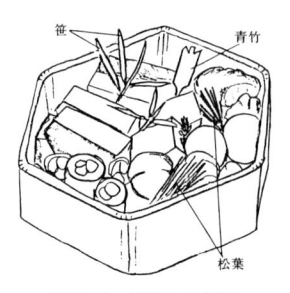

図10.7 折詰めの色彩
笹などの仕切りは，味の混乱を防ぎ，色不足を補う．

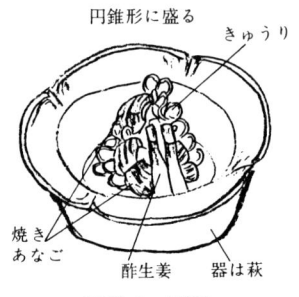

図10.8 杉盛り

である．つぎに盛りつけの代表的な形とその色彩の調和をあげる．

① 杉盛り：円錐形に積んで盛る方法で，細づくりのお造りや，和えもの，浸しものに用いる．器の色との調和，3色の料理の組合わせを考えて盛る（図10.8）．

② 重ね盛り：器の底から順に料理を積み重ねていく盛り方で，切り身の焼き魚や，うすづくりの刺身などに用いる．器の色との調和，天盛りとあしらいの色で変化をつける（図10.9）．

③ 俵盛り：形のしっかりしたもの，丸形，俵形，角形などの料理を積みあげるように，円錐形に盛る．山盛りともいう（図10.10）．

④ 平盛り：横に低く，平たくならべる盛り方で刺身が適している．深皿を用いず，広さをもった平皿を用いる（図10.11）．

⑤ 混ぜ盛り：形も色もまちまちの材料を煮たり，和えたりした料理を盛ると

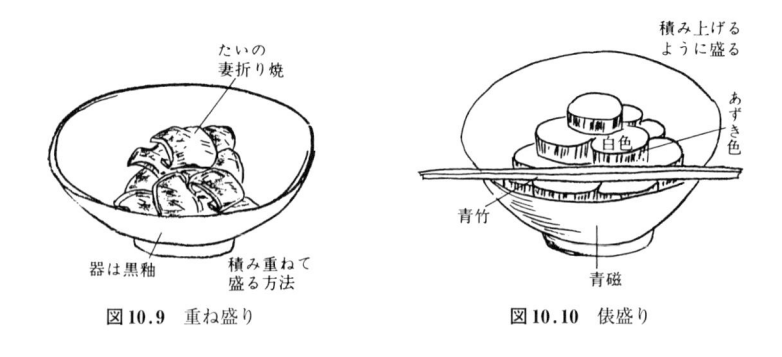

図10.9 重ね盛り

図10.10 俵盛り

10.4 食生活と色彩

図10.11 平盛り

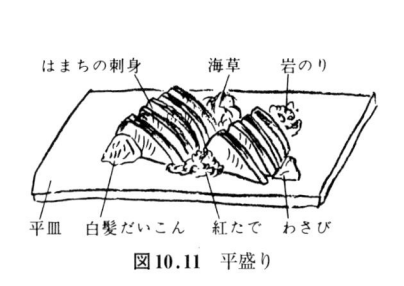

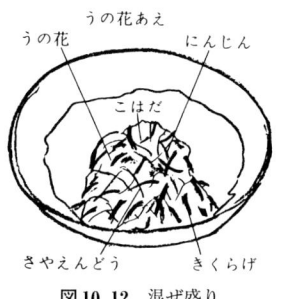

図10.12 混ぜ盛り

きに適する．一山に盛り上げるように盛る方法で，それぞれの材料や形や色を美しく直す（図10.12）．

⑥ 寄せ盛り：2種，3種の材料を一つの器に寄り添うように盛りつける方法で，味のこい色彩の強いシテ役の料理（主として動物性のもの），味のうすい色彩のあわいワキ役の料理（主として植物性のもの）といった性格づけをして盛る．3種盛りは，添えものとしての性格の強いツレ役の料理を加える．シテ役とワキ役の料理の分量が同量の場合は，シテ役の料理を器の左手前，ワキ役の料理を右むこうに盛り，3種盛りの場合は右手前にツレ役の料理を少量盛るのが基本である（図10.13）．シテ役の料理がワキ役よりかなり多いときは，ワキ役の料理を器の左手前，シテ役の料理を右むこうに盛り合わせて彩りよく仕あげる．

⑦ 散らし盛り：2種または3種の料理を1種ずつ離して一つの器に盛る方法で，一つ一つの料理がそれぞれの位置をもつように，間隔をあけて盛る．器もあ

図10.13 寄せ盛り（3種の場合）

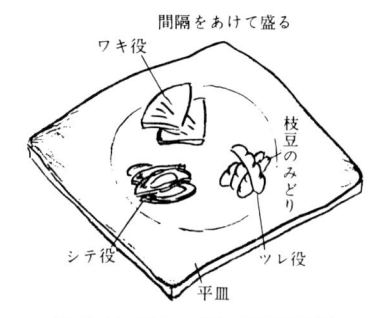

図10.14 散らし盛り（3種の場合）

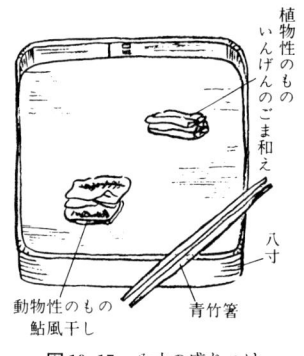

図10.15 八寸の盛りつけ

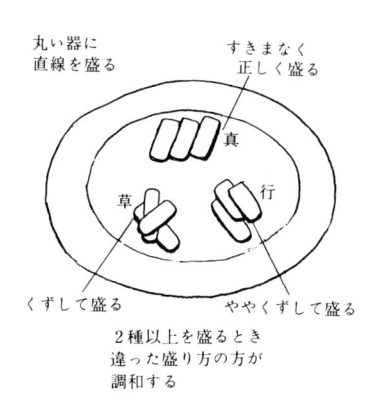

図10.16 盛りつけの真・行・草

る程度平面的な広さをもったものを用いる．2種盛りの場合は，器の手前にシテ，右むこうにワキ役の料理の余白を考えて，調和のとれた位置に盛る．右手前，左むこうという位置にすると，左むこうの料理をとるとき，右手にもった箸が右手前の料理を越えなければならず，取りにくいので避ける（図10.14）．

⑧ 懐石の八寸の盛りつけ：八寸（20 cm角）の杉板に，2.8 cmの縁がついている器で盛りつける場合，八寸の白紙を縦に三つ折りにして，さらに横に三つ折りにしてから，しっかり折り目をつけて開き，その4つの十字線の右上と左下を重視する．十字線のごく少し右上から，左下にかけたところを中心として盛りつけると，完全に2つの料理がぴったりと調和して，四方にすきまができて見える．

2種盛りでは，左下へ動物性のものを盛り，右上に植物性のものを盛る．色のちがったもので，形のちがうもの，たとえば生ものに揚げものとか，煮物に酢のものというように考え，切ったもので，形が長方形のものには円形，三角形のものには小判形のものといった具合に，さらに味わいも対照的なものを少なく盛るのが懐石料理の約束事である（図10.15）．

⑨ 盛つけの真・行・草：八寸，口取りなどの盛合わせには変化をつけないと料理が引き立たない．真・行・草といわれる3つの盛り方の基本を応用して盛ると，器との調和の美も理解できる．真の盛り方は，威厳を正し，すきまなく盛る．行は料理の形から真のようにきっちりと盛れないものを，真よりややくずして盛る．草は何気なく，ざんぐりとした感じに盛る．たとえば，図10.16のようにお

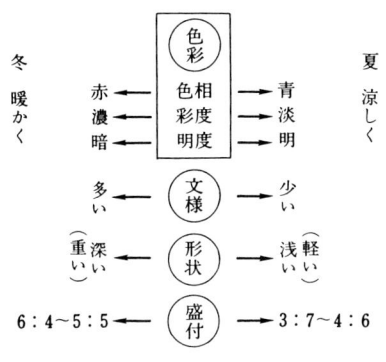

図10.17 料理と食器の調和

（図中）
色彩 — 色相・彩度・明度
 冬 暖かく：赤・濃・暗 ←
 夏 涼しく：青・淡・明 →
文様：多い ← → 少ない
形状：（重い）深い ← → 浅い（軽い）
盛付：6:4〜5:5 ← → 3:7〜4:6

菓子の松風を拍子木に切って，きっちり並べたものを真，そのまま少し斜めにずらして盛ると行，右一つを左一つにもたれかけるように盛ると草となる．寄せ盛りや散らし盛りなどのように2種以上の材料を盛るとき，両方とも同じ盛り方では盛り映えがしないばかりか調和がとれない．また，草の盛り方ばかりでは，しまりがなくてだらしない感じを与える．真に対しては行，行に対しては草というように，真・行・草の組合わせを考えて調和をつくるようにしたい．

また，余白の取り方も大切である．余白を上手に取ると，器を引き立て，料理をいっそうおいしくする．余白は，器の大きさと料理の分量により決まる．器の絵柄を生かしたいときには，余白を多くする．また図10.17のように，冬は料理6に対し余白4，または5対5とし，夏は料理3に対して余白7，または4対6とする．夏は冬より余白を多くすると涼しげである．

このほか，日本料理の調和のとれた美しさは，直線と曲線の組合わせにより生まれる．四角い器にはまろやかな感じのする料理を，円形の器には直線的な感じのする料理を盛り，さらに色との組合わせをその上に加味することで調和美が生まれる．

3）**器との調和**　器にはそれぞれのもつ雰囲気がある．手に触れて温かみの伝わってくるもの，透き通るような質感のもの，ほのぼのとしたよさをもつものや華やかさを食卓に添えてくれるものなどさまざまである．料理に合った器を選び，色どりよく，形よく盛りつけることが大切であり，丸い形のものばかりとか，暖かい色ばかりにならないように気を配るべきである．たとえば，器に3種の料

理を盛るとき，暖かい色が食欲を引き立てるからといって，3種とも暖色系ばかりでは暖色が弱く感じられる．このとき中間色をあわせると暖色が引き立つ．また寒色や緑の木の葉や草花を添えると，さらに色彩的効果が上がる．

器と料理の関係も同様で，白地の磁器に色絵のあるもの，有田焼の色の多いものに，暖かい色ばかりを盛りつけては料理が引き立たない．暖色1種に寒色2種にすると料理も引き立つ．

4) **器と季節感**　美食家で自らの作陶に料理を盛り，独創的な境地を開いた北大路魯山人の言葉に「食器は料理の着物である」というのがある．この言葉には食器は料理を盛りつけ，よく使いこなしたときに初めて完成するものであるという意味合いが込められている．この教訓のように器と料理との調和を大切にし，四季折々の料理と器との色彩的調和を考えなければならない．

料理に季節感を与える大切な要素は，料理の温度，器の質感，器の形である．春は日ごとに暖かさが増してくる季節で，つまり若やいだイメージの器で，暖かい色の絵付けをほどこしたもの，こい色より明るい色を念頭において選び，膳や杯も朱塗りの華やいだものがよい．また器の形も丸みを帯びたやさしい感じのものを選ぶ．夏は上部が朝顔形に開いたシャープな感じの器が涼しげである秋から冬にかけて用いる筒形の深い陶器の鉢は見た目に暖かさを感じさせ，温度を保つはたらきもある．冬のもてなしには暖かい色を用い，1点熱い料理を用意し，陶器を中心に磁器を控え目に，酒器は豊かな感じの色絵のもを使うなど，器と献立の季節感をうまく出せるかは双方の調和によるのである（図10.17）．

c. 食卓の色彩のイメージ

和食の色彩イメージ　日本の場合，上等な料理でもないそば屋さんに入って天丼を注文しても，冬は赤絵の器に盛って出され，夏には染付けのものに替えて出てくるというように，季節感覚が生きている．つけ合わせの小皿には，お新香として冬は白菜とたくあん，夏にはぬか漬けの青いきゅうりや，紫色のなすが盛りつけられる．天丼はまぎれもなく日本料理のイメージをもっている．コバルトブルーの染付けの器が，暖かい時期に使用するようにいわれるのは，染付けのものつさわやかさが見た目に涼感を与えるからで，これを冬に使うならば蓋つきものに，熱い料理を盛りつければ季節感が失われずにすむ．織部の焼きものは，鉄色と緑の釉薬が施してあり，基本的には冬使いとなっている．冬は野山がみな枯れ

てしまい，緑がなくなっているので，せめて器で緑を見せたらどうかという季節感からきたものである．

1）おいしさと季節イメージ　日本料理を代表する懐石料理では，椀盛りに季節の緑を添えることが約束になっている．同じ緑でも一年中，木の芽を使うことはよくない．5月の椀盛りには，細いいんげんや出始めたアスパラガスの緑をあしらうなど，季節感は感覚に訴えて，納得できるものを選ぶべきである．これは緑の素材との関係のなかにも，季節感があるという懐石ならではの演出法の心得である．

また，何気ない素材でも，微妙に使い分けて季節を味覚として感じさせるときもある．味噌汁を例にとってみても，炉開きの11月を境として，合わせ味噌の割合を調合し100％白味噌の汁をつくる．真夏は白味噌を使わず，甘口の八丁味噌を使って赤出しをつくるなど，いかにも気候に合った味わいで，両方の味噌の特性をよくつかんでいる．間の季節は，9対1，8対2などの割合で合わせ味噌として使い分け，色や舌先で季節を感じるものである．

調理法も季節によって変える．焼き魚は，夏には塩焼き，冬は照り焼き，そのほか体調や気温などを考えて，つけ焼きにすることが魚をおいしく食べる方法でもある．またあしらい（前盛り）は，色どりを添え，味を引き立てる．魚，肉など動物性の焼きものには，植物性のあしらいを添える．位置は皿の前側か斜め手前に盛る．うど，かぶ，れんこんなどの白色の酢のものや，そら豆，枝豆の塩ゆでのあざやかな緑，酢どりしょうがのピンク色，きんかんの黄色い砂糖煮など季節のもので色を添える．懐石では，笹の葉，椿の葉などを器がわりに使ったり，料理のあしらいにすると季節感がでて楽しい．また，南天，千両，かえでなどをあしらいに取り入れたり，やつでや葉蘭の葉皿に盛ったり，はまぐり，あわび，帆立貝の殻を小皿がわりに使うのもおもしろい．また，花をつけた梅の小枝をはしおきにしたり，貝殻や青麦，庭の植物などと工夫した手作りのはしおきは，自然の息吹を感じさせる心づかいでもある．

2）夏の演出と色彩イメージ　初夏は新緑になり，料理材料が一変するので料理のやりがいのある季節である．八十八夜に摘み取られた新茶が売出されるころでもある．初夏の料理の主役には，すずきの焼きものがあり，この時期は椀の吸口に花柚子が出てくるころで，山椒の葉ののびたものは，佃煮風にして食卓に

出す．5月ごろから，じゅんさいが出まわり，黒みを帯びた色でぬめりの多いのがおいしい．6月に入ると鮎の解禁で，鮎の塩焼きがおいしい季節である．また，川えびのうま煮の赤い色が折詰めを引き立たせる．盛夏は，暑い季節のため手をかけないで，すっきりとした味のものがよい．さらに器にも雑色でなく，青磁のようなにごりのないものが暑さを忘れさせる．そして器にさっぱりと，余白を楽しむ盛り方が涼風が吹くような感じを与える．冷やした黒釉鉢や，備前焼きの大鉢に冷たく冷やした木綿豆腐の冷やっこを盛り，水をはり，氷を浮かべ，景色にかえでの葉を浮かす．薬味には，刻みのり，刻みねぎ，紅おろし，刻みしそ，おろししょうがなどを色どりよく盛ると，真夏盛りとして調和が美しい．これが夏のイメージである．

備前焼は乾いているときと，水にぬれたときでは器の地の調子が変わり，ぬらすとしっとりした味が楽しめる．また，冷麦やそうめんは，ガラス器や，焼きものの丼に入れると思い込んでいる人が多いが，漆器で器の内側が黒色，ふちが朱色で塗られた大鉢に，真白な冷麦を浮かべ，たっぷりと水をたたえ，中に氷を沈めると，まるで拡大鏡で見るように冷麦がくっきりと見え，汗のひくさわやかさを感じる．深い漆黒の器の細いふちどりの朱色，そして黒と冷麦の白とのみごとなコントラストが箸をつけるのを忘れさせるにちがいない．そして，そのときの印象が相手に鮮烈なもとなって残ることうけあいである．

3) 行事食と色彩イメージ

① 新年：正月料理の色彩イメージは，華やかな朱色と黒地に金の蒔絵の器である．これらは，日本独自の高度の美であり，正月らしい色彩である．朱を最高の華とすれば，金色はさらに華やかさに重みをつける貴重な色である．これを引き立てるのは緑であり，松や裏白である．量は少なくても，清潔感を与え料理の区切りをつけ，味の混ざりを防ぐ．

正月料理は，年初めという行事にふさわしく，正月でなければ使えない材料を取り入れ，暖色系8割，寒色系2割の構成でおせち料理（重詰め）を2〜5段重ねで用意する（図10.18）．器にも，縁起のよいものが選ばれ，色調が派手で，模様も亀甲とか七宝，鶴亀が描いてあるものや，松竹梅の絵のものがよく使われる，一年中でもっとも華やかな食卓演出である．

祝い膳は伝統料理として2000年の歴史と格式をもって今日に受け継がれてい

10.4 食生活と色彩

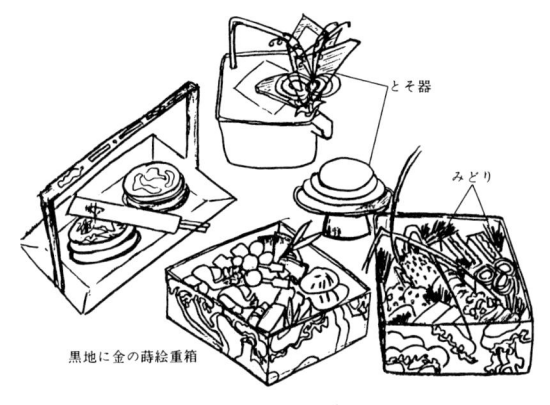

図中ラベル: とそ器／みどり／黒地に金の蒔絵重箱

図 10.18 正月の食卓

る．料理はすべて言葉の縁起から取上げられ，祝肴の黒豆はまめにはたらくように，数の子は子孫の繁栄を，田づくりは豊作，昆布巻きは喜ぶの意味がある．料理の名前にも，松竹梅，鶴亀，紅白，黄金など祝儀を表したものが多い．

② 節分：2月に入るとすぐに節分である．大豆を中火で煎り，桝に入れて神棚にあげ，今年の無事と，去年の健康に感謝して祈る．社寺においても厄除けの祈禱があり賑わう．また各家では，ひいらぎに焼いたいわしを突きさして門口に飾っておく．そうすると鬼が来ないという俗信がある．

暦の上で立春が過ぎてもまだ寒く，温かい汁物や鍋物が喜ばれる．

③ 雛節句：女性の祭りとしての雛節句は，可愛い華やいだ色がよく合い，桃色，桜色，若緑といった将来に期待のできる色のイメージである．

雛膳は，雛の膳にのせるお椀のいろいろで，子どもに用途を教えながら遊ばせようとする意図がある．また菱形は，雛祭りの代表的な形であり，3月を演出するのに用いられる．はまぐりをはじめ，すべての貝類を調理したり，器も貝の形の染付けや，貝類の器に少しずつ盛る．貝類は5月過ぎが産卵期で，3月はもっともおいしい青春期だからという意味もある．

④ 端午の節句：中国の古い行事で旧暦の5月5日を男子の祝日と定め，この日は薬草の入っただんごをつくったり，菖蒲酒を飲む風習があると伝えられている．日本への伝来は，奈良時代といわれ，鯉のぼりを立てて，男の子の成長と出世を祈願し祝うようになった．現在は子どもの日の祝日である．

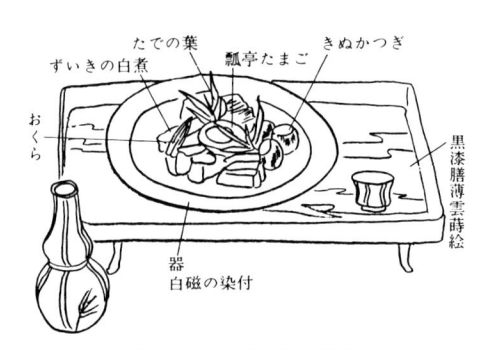

図 10.19　月見の宴の料理

柏の葉に包んだ柏餅や笹で包んだちまきがつくられる．菖蒲を軒にさしたり，お風呂に浮かして邪気を払い，子どもの健康を祈ったりする時期である．

⑤ 七夕：7月7日の夜だけ天の川をはさんで牽牛星と織女星が出会うという，ロマンチックな中国の説話にちなんだ星祭りである．

食べものは，猛暑の季節だけに，暑気払いの意味からも涼しげな料理をそろえ，器もガラスや磁器を使って涼味を演出する工夫がなされ，酒も冷たく，器も涼やかにガラス器で供すなど，クリスタルな色彩イメージがある．

⑥ 月見：旧暦の8月15日の夜を観月の日と定め，現在の9月20日前後の月を中秋の名月の宴といって中国から伝えられた節日である．日本では，平安時代からこの風習が取入れられ，満月に，すすき，おみなえし，りんどうなど，秋の七草を飾り，供えものとして，芋，栗，枝豆，柿，ぶどう，月見だんごが用意される．また，芋名月ともいわれ，蒸したきぬかつぎを供える風習がある．図10.19は雲の流れの蒔絵に，染付けの大平皿を月に見立て，中央に半熟卵を囲んで料理を盛りつけたものである．

⑦ クリスマス：クリスマスはキリスト誕生を祝う日で，本来キリスト教の宗教行事である．12月24日がクリスマスイブ，25日がクリスマスの当日で，料理は，ターキー（七面鳥）とクリスマスケーキがつきものであるが，ローストチキンや，手軽なデザートですませることが多い．またクリスマスパンチも食卓の人気ものである．クリスマスを象徴する色は赤と緑が基本であり，金や銀のコントラストによりイメージをつくる．

4）冬の演出と色彩イメージ　　11月に入ると朝夕が急に寒くなり，魚では甘

鯛，まながつおが旬の魚として美味である．そのほか，さわら，ひらめ，伊勢えび，かに，貝類も美味になる．そして根菜類もおいしくなり尾張大根，近江蕪をはじめ，菊菜，ほうれん草，水菜など青いものが美味で豊富である．また京都の海老芋とよばれる里芋がおいしい季節でもある．紅葉のころは，柚子も緑から黄色に色を変え，柿がおいしそうな色になり，魚はさわら，甘鯛，まながつおなどの味噌漬けや，幽庵焼き（柚子の香りを加えたもの）などが持ち味を引き立てる冬の調理法である．お茶席も10月までの風炉から炉に変わって，そのなかに釜がかかり，雰囲気ががらりと変わり，道具の取り合わせに心を配る季節でもある．

12月は鍋物がよい季節で，熱い料理が喜ばれる．とくに，えび，貝がおいしくなり，かきは本味となる．かきは伊勢の的矢のものが外国の種類で美味であり，近年は広島，仙台でも技術が進んで美味になった．また，この季節は鍋物は味つけを変えていろいろ楽しむことができる．湯豆腐，しゃぶしゃぶ，すきやきなど，鍋を囲んでのおしゃべりは楽しいものである．

酒器や徳利，杯などにもその時節ごとに器を選ぶのは心はずむものである．杯も暖かさ，優しさ，野趣，豪快さ，清らかさと多種多彩である．たとえばわが家のぐい呑みをいくつか盆に並べて，その日の気分で選んだり，酒客に「お好みのものをどうぞ」と選んでいただくのも寒い冬のもてなしの一つである．また肌冷えの冬に手のひらにぬくもりを感じる志野，萩，織部，黄瀬戸，赤絵，白釉などで一献どうぞとすすめるのは，和食の冬ならではの色彩イメージである．

[高木節子]

文　献

1) 横田義男：日本の色―陰陽五行説における色彩観―，名古屋女子文化短期大学紀要，**16**，1990.
2) 高木節子，田中映子：生活文化と色彩，名古屋女子文化短期大学紀要，**17**，1991.
3) F. Birren：Color and human appetite, *Food Technol.*, **17**, 553, 1963.
4) 鎌田栄基，片山　脩：食品の色，光琳，1977.
5) 納富則夫：食品の色彩と形態，日本調理科学，**4**-4，1971.
6) 辻　嘉一：料理の色と形，中央公論社，1986.
7) 丸山　吟：懐石料理，中央公論社，1988.
8) 西田宏子：私食器，世界文化社，1981.
9) 戸井田道三：色とつやの日本文化，筑摩書房，1986.

10.5 インテリアの色彩

　インテリアとは単に「内部」という意味であり，建物の内部だけを表すものではないのだろうが，そのまま建築物の内部空間を表す言葉として使用される．この内部空間の示す範囲は，一般的に内装仕あげ材や家具など内部にいて目で見えるものといってよい．空間を構成する床・壁・天井のほかに，家具や照明器具など単体で商品となり，移動が容易なため内部空間に持ち込めるもののすべてがインテリアの構成物である．ここではインテリア空間のイメージだてから，そこに必要な材料と光，そしてそれらにともなった色彩の計画を順をおって述べる．

a. インテリアのイメージ

　インテリアイメージとは，形と色との組合わせによってつくり出される空間イメージである．形とは，家具，照明，窓装飾，内装仕あげ材などがもっている形や柄などのデザインのちがいであり，これらのもっている色彩と組み合ってインテリアイメージを多種多様なイメージにつくりあげている．

　従来，モダン，エレガンス，カントリーなどのイメージワードがインテリアイメージの伝達に使用されてきたが，人によってその連想するイメージが異なることから，以下のようなイメージマップによってイメージの共通化が図られるようになった．人間が何かにイメージを感ずる場合，各種の基本的な感覚の組合わせで表現することができる．形の要素を加えたインテリアイメージのマップに図10.20のような形容詞対によるマップが考えられる．図の9つのインテリアイメージのうち，四隅のイメージは，つぎのような特徴をもっている．

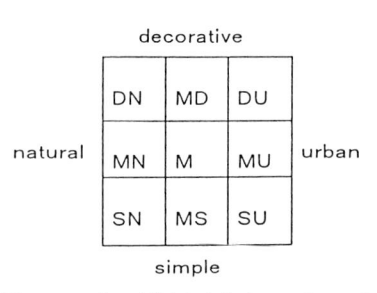

	decorative		
	DN	MD	DU
natural	MN	M	MU	urban
	SN	MS	SU
	simple		

図10.20　形の要素を加えたイメージマップ

10.5 インテリアの色彩

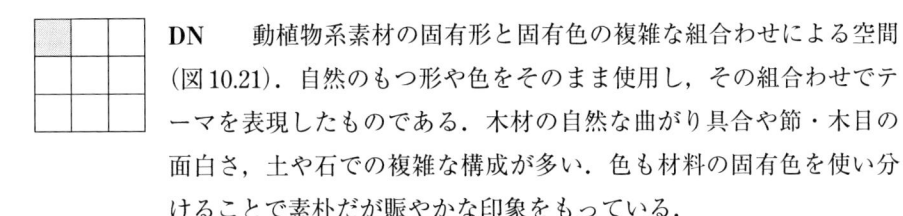

DN　動植物系素材の固有形と固有色の複雑な組合わせによる空間（図10.21）．自然のもつ形や色をそのまま使用し，その組合わせでテーマを表現したものである．木材の自然な曲がり具合や節・木目の面白さ，土や石での複雑な構成が多い．色も材料の固有色を使い分けることで素朴だが賑やかな印象をもっている．

SN　動植物系素材の幾何的使用による空間（図10.22）．自然材のもつ特徴をその形に求めるのではなく，その材質の風合いに求め，その風合いの構成でインテリアをまとめるものである．また，使用する素材は，テーマに沿ったもの数種に絞り込み，全体的に落ち着いたやわらかな印象が特徴である．

図 10.21　DN のインテリアイメージ

図 10.22　SN のインテリアイメージ

図 10.23　DU のインテリアイメージ

図 10.24　SU のインテリアイメージ

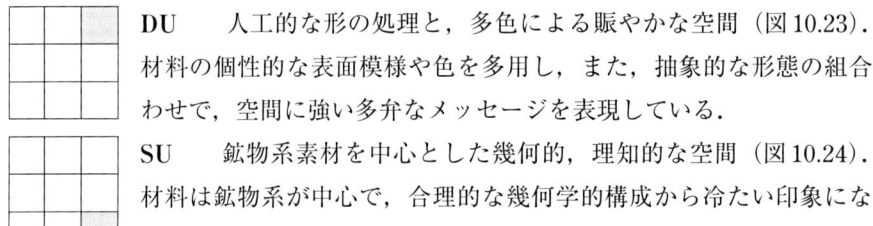

DU 　人工的な形の処理と，多色による賑やかな空間（図10.23）．材料の個性的な表面模様や色を多用し，また，抽象的な形態の組合わせで，空間に強い多弁なメッセージを表現している．

SU 　鉱物系素材を中心とした幾何的，理知的な空間（図10.24）．材料は鉱物系が中心で，合理的な幾何学的構成から冷たい印象になりがちだが，理知的な都会感覚の空間である．材料と色彩が限定され，モノトーンの構成が多く，有彩色の使用時は同一色相の単純変化による場合が多い．

　四隅の間にある残りの5つのイメージ（MN，MD，M，MS，MU）は，その両側のイメージの中間のイメージといってよい．

b．インテリアの照明

1）色温度とは　　白熱電球や蛍光灯など人工光源は，すべての色の光（スペクトル）をもっている．しかし光源によって，スペクトル中の赤から青紫色のどの光域が多く含まれているかで光源の色が異なって見える．昼の太陽光のように各広域波長の相対エネルギー比がほぼ等しい場合は白色の光となるが，夕焼けの光や一般の白熱電球のように長波長域にエネルギー比がかたよると光の色は暖色系となる．このような色のちがいは，色温度で数値化することができる．

　ろうそくのあかりは1900K，道路のトンネルなどでオレンジ色に光っている高圧ナトリウム灯は2050K，一般的な白熱灯は2850K，一般的な蛍光灯は4200〜5000K，よく晴れた日中の青空は10000K以上である．これを色で表すと，色温度が一番低いろうそくの色の赤っぽいオレンジ色から，高くなるに連れて黄色，白，青白色と変化していくのがわかるだろう（図3.3参照）．

　日中は青白い太陽光だが，日の出や日没時の赤い光はろうそくや暖炉の火のように赤い．この一日の光色の変化は，その中で進化してきた私たち人間の生体時計に大きな影響力をもっている．白または青白い光は，私たちに晴れた昼の太陽の光を連想させる．昼は活動する時であり，神経は力強く外部に向けられる．一方，日が西に傾き，青い空が黄色にそしてオレンジ色に染まり始めると，仕事を終え，家路に着く．赤い光は一日の終わりの色であり，活動を収束し，眠りのときを知らせる色だ．

　2）民族による光源色の嗜好　　私たちの体験する光色の範囲（2000〜

20000 K) において暖色と感ずるか寒色と感ずるかの境界はだいたい 3500 K ぐらいで，ハロゲンランプの白色光がこの辺りにあたる．この前後の光のうち，暖色系の光と寒色系の光のどちらを好むかは，住む場所と住み方，民族性によって大きく異なる．たとえば，日本人は白色の蛍光灯をよく使う．これを照明後進国と非難する向きもあろうが，どうも日本人は蛍光灯の明るく白い光が好きなようである．逆に日本人が外国のホテルで白熱灯の赤いうす暗い部屋の明りに苦情をいうケースが大変に多い．これは一つに眼の色素のちがいとする説があり，日本人は読書や書きものに 750 lx，西欧人は 500 lx ぐらいが適当だといわれている．

また，西欧人種の肌色が，青白色光では私たち黄色人種にくらべ，不健康な色になりやすいという面もある．そして気候風土の面では，西欧人が一般的に高緯度の地域に住んでおり，弱い太陽光と低気温への不満から暖かな強い光を望んでいる．一方日本では西欧にくらべ太陽は強く，夏の高温多湿の中では必然的に涼しいイメージの明るい青白色蛍光灯に不満をもたないのではないかといわれている．また，経済的な面においても蛍光灯は大変効率のよい光源である．

3) 光の演色性　同じ部屋の中で蛍光灯と白熱灯を同時に使いこれを写真に撮るとひどく色光の異なった不自然な写真になる．このように 2000 K 以上離れた色温度の照明は空間に違和感を生じさせる．これを修正するにはその 2 つの照明の間に中間的な色温度の光源を使用することで不自然さを緩和させることができる．このように光源のもっている光の質で見えるものが異なって見えることを光の演色性という．

逆に色温度の差のある光源を意図的に使用することもある．全般的に白色蛍光灯を使用した店舗で，見せたい商品コーナーをハロゲン電球などのスポットライトで照明すると照度差以上に際立たせる効果がある．これは単に色温度の差だけでなく，光源の光の強さが商品の反射を強め，キラキラし，生き生きした質感効果を出しているといえる．

高速道路のトンネルの中で，さっきまで前を走っていた赤い車が突然グレーの車に変わってしまう．これはトンネルの中の高圧ナトリウム灯がオレンジ色の光だけを出しているので，すべての車の外装色はオレンジだけのモノトーンになってしまったことによる．

家具や，内装仕上材などの色を決めるのに，現場とは異なった光のもとで色決

めを行うと，思わぬ色になってしまうことがある．家具はどこにおくのか，タイルはトイレのどんな光源の下に貼るのかなどを確認したうえで，それと同じ光源のもとで決めるべきである．ただし，そのまわりにある壁や家具などの色の反射光も影響が大きく，現場の状況をいかに予想できるかが成否を握っているといえよう．

c. インテリアの材料

1) **インテリアエレメントの分類**　インテリア材の反射による演色性を前項で述べたが，インテリアを構成する材料と色は通常多種にわたるので，その中のどの材料のどの色が一番全体に影響を与える色なのかを認識したうえで全体の色彩計画の調整と決定を行わなければならない．材料を決定するにあたって，その部材がどこに位置するかで，選択する色彩計画が異なってくる．インテリアの部位のちがいでつぎのような分類ができる．

　①建物系：床，壁，天井，開口部，階段，造り付収納家具，システムキッチン，衛生機器など，

　②置物系：家具，照明器具，窓装飾，家電製品，アクセサリー，植物など．

　①は，建物に固定されているもの，もしくは付属しているものである．これらは，工事がともないすぐに取りかえができないため，長期に使用するものとして考えなくてはならない．また，大きな部分を占める物が多いため，基本的な色彩，つまりベージュやオフホワイト，グレーなど高明度・低彩度のベーシックな色彩（ベースカラー）が望ましく，低明度・高彩度の強く重たい色彩は，特殊なコンセプトによるもの以外使われにくい．ベーシックな色彩は，素材そのままの色を使用することで，素材の色が出た深みのある演出が期待できる．

　②は①とは異なり，移動・移設や季節ごとの入れかえや買いかえなどが比較的容易にできるものである．そのため，商品選択時の冒険が可能であり，色彩の選択幅が広い．アソートカラー（サブカラー25％），アクセントカラー（5％）として空間に変化をつけるエレメントであり，空間のテーマに沿って特徴のある色彩を選ぶことができる．

2) **インテリア素材の色彩分類**　インテリアによく使われる素材をその特有の色や使用される着色によって分類すると表10.6のようになる．

　表10.6でわかるように，自然界に存在する素材の色は，グレー，ベージュ，

10.5 インテリアの色彩

表10.6 色彩による素材の分類

		無着色材料		既着色材料	塗装用下地材料
		動植物系材料	鉱物系材料他		
無彩色系	高明度		漆喰, プラスター, 大理石	樹脂化粧合板, ビニールクロス, タイル, 皮革, カーペット, 布地, 紙	鉄, 木材, 亜鉛鋼板, 塗装用クロス, モルタル, パーティクルボード
	中明度		アルミニウム, 大理石, 花崗岩, モルタル, コンクリート		(ビニールクロスの下地材になるもの)
	低明度		花崗岩, 玄昌石		石綿板, 石膏ボード, 繊維板, 合板
ベージュ・ブラウン系	高明度	白木, 和紙, 籐, 畳表, 布地(無着色の綿・麻・ウール)	大理石, 真鍮		
	中明度	木材, 皮革, 布地(ウール)	土, 大理石, 花崗岩, テラコッタ	木材, 籐, 樹脂化粧合板, ビニールクロス, タイル, 皮革, カーペット, 布地, 紙	
	低明度		土, 鉄材, 大理石, 花崗岩		
有彩色系	高明度	生花	大理石, 土	樹脂化粧合板, ビニールクロス, タイル, 皮革, カーペット, 布地, 紙	
	中明度	鉢植物, 生花, 果物, 鳥の羽根			
	低明度				
透明色系			ガラス, アクリル樹脂	ガラス, アクリル樹脂	
反射系			鏡, ステンレス, クロームメッキ		

　ブラウン系が圧倒的に多い．私たちが見ることのできる，空や海の青色，炎や夕焼けの赤色，植物の緑，花の色など自然界に存在する彩度の高い色は，インテリア構成材にはできない，もしくは不向きな存在である．

　また，着色剤として古来より伝えられる美しい色料は，そのほとんどがたいへん特殊で微量な材料である．しかし現在では，化学染料，人工着色料の発達で自然素材に彩度の高い美しい色をつけることが可能であり，素材自体も高彩度色が固着しやすい人工材料が豊富に用意されている．インテリアを構成する色彩が飛躍的に豊かになったわけだが，豊富であればあるほど，その色彩の構成法，調和法が難しくなっている．

　表10.6の分類は，材料と色を選択する場合の判断時に有効な分類である．イ

ンテリアのイメージ分類で空間のイメージやテーマを明確にしたら，そこに使用する材料を表10.6の分類で確認し，色彩計画の手順にしたがって選択していくとよい．

材料の組合わせとして，かたい素材はかたい素材でまとめ，やわらかい素材はやわらかいものでまとめると調和しやすくなる．また，その上で表情がかたよってしまった時は，逆の素材をアクセントのように使用すると空間を適度に引きしめる効果がある．

また，材料のよさを生かすには，彩度の低い色，もしくはモノトーンや明度の差の無いものを合わせ色にするとよい．逆に高彩度の色，明度の差が大きい色を周囲に配すると，質感や特有な肌目模様などが見えにくくなり，よさや深みが消えてしまうことになる．ただし，全体的にはおだやかだが，はっきりしない色彩構成になりやすいので，材料や色数を控えめにしてシンプルな構成にもっていくとまとまりやすい．

素材はその表面処理によってずいぶん異なった表情になる．たとえば大理石や花崗岩では，磨いたものと火や金剛砂で表面を荒らしたものとでは，別の材料のようにちがって見える．植物系の木や紙なども防汚処理用の溶剤を塗ることでぬれたような色合いになる．このちがいを「光沢」「艶消し」の言葉をあて，材料の見え方を指示するのに使用している．これは反射率の変化によるものだが，同じ固有色でありながら表面処理で変化して見えることも色彩計画の中で注意すべきことである．

［雨宮　勇］

文　献

1) 小林重順監修，日本カラーデザイン研究所編：カラー・イメージ事典，講談社，1983.
2) インテリア産業協会編：インテリアと色彩，産能大学出版部，2000.
3) 朝倉直巳編著：芸術・デザインの色彩構成，六耀社，1995.

10.6　住生活と色彩

住生活とは，日常のさまざまな生活行為と空間とのかかわり合いであり，住居を中心として，近隣空間ともつながりをもちながら営まれるものである．住まい

10.6 住生活と色彩

は人間の生活を入れる器であり，もっとも身近な生活環境である．したがってそこに住む人が，どのように暮らしたいのかをよく見きわめて，ライフスタイルやライフステージ（図10.25），あるいは家族構成（図10.26）に適合した空間（図10.27）や，設備を備えなければならない．屋内空間が決まると，庭，門，塀，垣根などの外構も建物と調和するようつくっていく．建物や外構の色彩は個性的

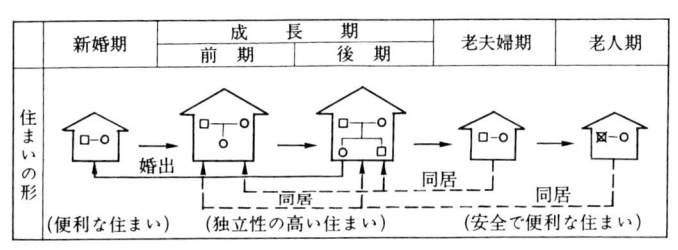

図10.25 ライフステージと住まい

家族数	1人	2人	3人	4人	5人	6人(高齢夫婦を含む)
室構成	1DK	1LDK	2LDK	3LDK	4LDK	4LLDK
台所 食事室	10 (6)	5(3) / 5(3)	7.5(4.5) / 7.5(4.5)	7.5(4.5) / 7.5(4.5)	7.5(4.5) / 10(6)	7.5(4.5) / 10(6)
居間	寝室13 (8)	13 (8)	16 (10)	16.5 (10)	16.5 (10)	16.5 (10)	10 (6)
夫婦室	13(8)	13(8)	13(8)	13(8)	13(8)	13(8)
子供室			7.5(4.5)	7.5(4.5)	7.5(4.5)	10(6)
子供室				7.5(4.5)	7.5(4.5)	7.5(4.5)
子供室					7.5(4.5)	
洗面・浴室 便所・収納 玄関 など	14.0	19.5	25.5	31.5	34.5	41.5
住戸専用面積	37.0	55.0	75.0	91.0	104.0	129.0

{ 上：m² / 下：(畳数)

図10.26 家族人数と室構成（旧建設省「都市居住型誘導居住水準」をもとに作図）
Lは居間，Dは食事室，Kは台所，寝室は3歳以下は夫婦と同室でよい．4～11歳は夫婦と別室．ただし1室2人までの共用はよい．12歳以上は個室を確保する．

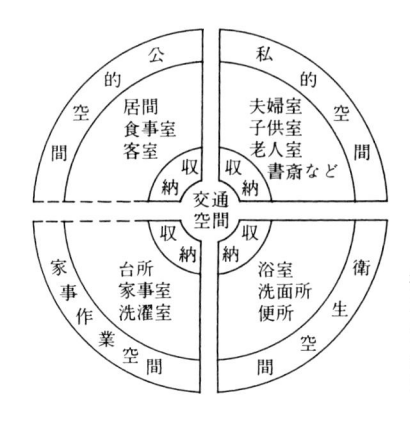

図10.27 住まいのゾーニング 機能別の住空間の分類．L（リビング），D（ダイニング），K（キッチン）は"食"を通じて共通性があり，おのおの独立させたり兼用したりする．

でありながら，周囲の環境とも融和し，地域の景観をより美しくするものでありたい．

　住生活の要件は，住み手が快適に過ごせること．これは住居やそれをとりまく環境が，利便性や機能性に優れ使いやすいことと，心理的・生理的な心地よさによって決定される．室内における居心地は，五感の中で主として視覚によって決まるが，その視覚情報の約80％は色彩から発信されたものといわれている．一般に形より色，面積が小さいものより大きいものから受ける刺激の方が強くなる．インテリアやエクステリアは，どちらも空間を占める面積が大きいので，心地よい環境をつくる上で，色彩が果たす効果は非常に大きい．

　今日，さまざまな視点から生活の質が問いなおされているが，住生活においても，単に私的空間として，個人レベルの快適性を求めるだけでなく，個々の住宅も，地域景観の一部を担う要素であり，景観は公共の財産との認識をもち，地域社会の連帯意識を醸成する意図も合わせて，周辺と調和のとれた町づくりに参加し，空間系における生活環境の質的向上に寄与する色彩計画でありたい．

a．住まいの色彩計画

　色彩計画とは，目的にかなった環境をつくるために，色を意図的に配色することをいう．住まいの空間は，床，壁，天井で囲まれた空間と，暖冷房設備や家具，照明器具，敷物，カーテンなど，いろいろな形や色をもったものによって構成されている．すなわちインテリアである．これらが個々の役割を果たして快適環境をつくりだし，生理的な欲求を満たすとともに，心理的にも調和のとれた快い空

10.6 住生活と色彩

間となるようにデザインすることが大切である.

　住まいの色は，建物材料が木材か，大理石やセラミックタイルか，モルタルや土か，ペンキが塗装されているのか，ガラスや合成樹脂，繊維が使われているのかなど，それぞれ固有の色や量感，質感をもち，同色で仕あげても部屋のイメージはちがってくる．白木，れんがや石造りの壁などは，素材自体の色合いに高級感があるので生地のまま用いることも多い．

　そこで，よく用いられる建築材料の色を標準色として定めている．それらの色彩は，表10.7，図10.28に示すとおりで，マンセル表示で色相はR～G，とくに

表10.7　建築材料の色彩（マンセル表示）（日本建築学会編：建築資料集成1）

木材		セラミックタイル(灰)	N 8
木材一般	2.5YR～10YR7～8/3～4	（クリーム）	5Y 9/1
きり	10YR 8/2	（ピンク）	7.5YR 9/2
にほんまつ（赤味）	7.5YR 6.5/5	（淡青）	2.5BG 8/2
にほんまつ（白太）	10YR 8/4	（青紫）	5PB 8/1
べいまつ	5YR～7.5YR 1/4.5	床材料	
たも	10YR 8/3	アスファルトタイル	N 8～1.5
さくら	7.5YR 5/5		2.5Y～5Y 7～6/3～7
チーク	10YR 4.5/3.5		2.5YR～7.5YR2～6/3～4
合板	YR～Y6～7/2～4		2.5GY～7.5GY3～6/3～4
ホモゲンホルツ	10YR～2.5Y5～8/2～5		2.5PB3～6/4
セメント材・タイルなど			5R～10R 3/6～8
セメント	10YR 8/4	プラスタイル	N 2～8
モルタル	5Y～7.5Y 4～6/6～7		2.5YR～7.5YR3～6/4
コンクリート	Y 5～6/1～2	リノリウム	YR～Y 3～5/3～5
プラスター	N 7～9		5YR～10Y 8～4/2～4
白セメント	N 9	石材・金属・壁土など	
プラスターボード	5GY 7/1		
アスベストボード	N 6～7	鉄平石	B 4/2
フレキシブルボード	5Y～10Y6～7/0～2		YR 5/1
テックス	10YR～5GY7～9.5/0～3	みかげ石	2.5Y～7.5Y5～6.5/1～2
木毛セメント板	N 6	大谷石	Y～GY7～8/1～2
モザイクタイル(白)	N 8.5	アルミニウム	5B 6～8/0～1
（灰）	N 7	亜鉛めっき鋼板	N 6～7
	YR～Y 5～8/0～2	銅	10R 5～6/4～6
	GY～G 4～8/0～3	れんが	7.5R～2.5YR4～4.5/2～3
	BG～B 3～8/0～6	黄土	10YR～5Y 3～5/2～3
	RP～P 5～8/3～5	赤土	2.5YR～5YR3～4/3～4

一般によく用いられる建築材料のおよその色彩．新建材がたえず開発されるので，実際に色彩計画をするときは，使用材について色彩を測定するのが望ましい．

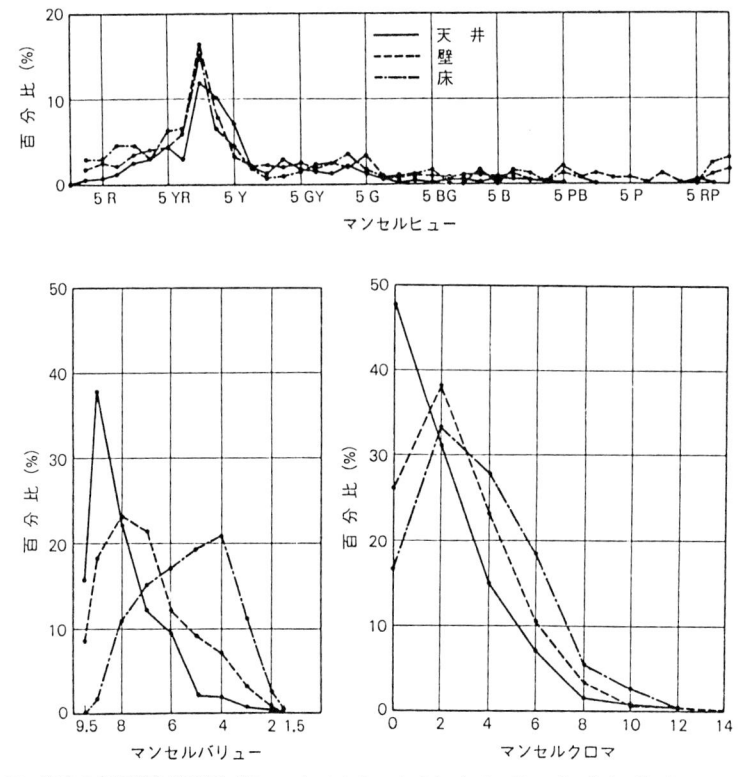

図10.28 室内の各面別色彩頻度（Masao Inui： Practical Analysis of Interior Color Environment, 1978）

YR～Y，明度は9～4，彩度は6以下が多い．

1）住まいの配色　　色数の多い部屋は，ごたごたした感じで居心地がよくない．だからといって好みの色でも，1色でまとめた部屋は変化がなくて単調である．美しいインテリアは，床，壁，天井の組合わせに変化をもたせながら，全体として統一感のあるバランスのよい配色をすることである．色相の似たものやトーンの似た色の組合わせは統一感が強調される．また対照的な色相や，差異の大きいトーンの色を組み合わせると，対比が大きくなり変化が強調される．

2）住まいの色彩イメージ　　色彩にはさまざまな表情があり，いろいろな感情や連想をイメージさせる．それらは，生活経験や文化的背景，あるいは流行や好みによって異なるが，一般的には暖色で高彩度は陽気な，高明度色は明るいイ

メージ，寒色で低彩度・低明度は落ち着いた，鎮静的なイメージを抱かせる．それらのイメージにはつぎのような心理的・生理的効果が認められている．

① 温度感：同一室温でも，暖色と寒色では体感温度が異なる．また，同一色相でも，明度や彩度が異なると体感温度がちがう．したがって，浴室の色相を寒色系タイルで仕上げたとすると，夏は涼しげでよいが，冬は寒ざむとした感じになってしまうので，注意しなければならない．黄緑～緑，青紫～紫～赤紫の中性色は，とくに温度感はない．白，グレイ，黒の無彩色は，配色によって温度感が変わる．たとえば，赤などの暖色と組み合わせると暖かく，青などの寒色と組み合わせると寒く感じる．

② 興奮・鎮静感：寒色系の高彩度色は，血圧を下げて落ち着かせる．したがって書斎などの，精神労作をする部屋は，鎮静作用のある寒色系の高彩度色に仕あげると，神経が休まる．子ども部屋を暖色系で高彩度色にすると，活動的になり集中力が薄れる．

③ 重量感：明度による影響がもっとも大きい．明度が高いほど軽く感じる．部屋全体を明るい色で仕あげると，ナチュラルでカジュアルな感じになる．明度，彩度を低めの色彩にすると重厚なムードになる．天井を暗くすると，上から圧迫されているような，重苦しさを感じる（図10.29）．

一般的には床を暗く，天井を明るく，壁はその中間の明るさにする．下から上に向かって，明るく軽い感じにすると落ち着くのは，自然界の重い地面から軽い天空と同じ環境となり，慣れ親しんでいるからであろう（図10.30）．

④ 距離感：高明度の暖色は近くにあるように進出して見え，低明度の寒色は

図10.29　上が暗く下が明るい配色（雨宮）　　図10.30　下が暗く上が明るい配色（雨宮）

遠のいて見える．階段の踏み面を部分的に色を変えると，距離感が狂って，つまづいたり，踏みはずしたりして転倒，転落の危険がある．壁の色を低明度の寒色系にして，壁面の後退感を出そうとしても，圧迫感の方が強くなり広がりを感じはしない．

b．住まいの色彩計画の手順

これまでの基本事項を基にして室内の色彩計画をしてみよう．計画の手順はつぎのとおりである．

① 住まいに求める条件を明確にする：何人で住むか，続柄，年齢，職業，ライフステージの変化への対応，来客の多少など．

② 空間のイメージを設定する：①の条件から住まい全体のイメージを，ナチュラルに，ゴージャスに，モダンに，エレガントになど決める．それとともに各室に求めるイメージを設定する．一例をつぎに示す．

玄関：格調高く，明るく．
居間：だんらん，落ち着いた，暖かな，くつろいだ，広びろした．
食事室：清潔な，だんらん，なごやかな．
台所：活動的な，清潔な．
寝室：落ち着いた，安らかな．
子ども室：明るく，楽しく．
老人室：静かな，安全な．
浴室：くつろいだ，清潔な，暖かな．
トイレ：清潔な．

③ 色彩イメージを設定する：②で設定した空間のイメージにそって，イメージに合う系統の色彩を選び出す．暖色系か寒色系か，重厚な感じか軽快な感じか，色相はグリーン系かベージュ系かなど，そして部屋の使用目的にふさわしい配色を考える．

④ ベースカラー（基本色）を決める：いろいろな色で彩色された部屋は，ごたごたした感じで居心地がよくない．かといって好みの色でも，1色でまとめた部屋は変化がなくて魅力に欠ける．心地よいインテリアは，全体として統一感のあるバランスのよい配色がされていることである．

まず，面積が大きく目立ちやすい壁の色から決める．照明器具やカーテン，敷

物，家具，装飾品などが加わると色彩が雑然とするので背景となるベースカラーは，色彩を意識させない彩度5度以下，明度6.5以上の色にすると調和させやすい．低明度の暗すぎる壁は，陰気な感じに，高明度の白すぎる壁は，光を反射して落ち着かない感じになるので注意する．

⑤ サブカラー（副基調色）・アクセントカラー（強調色）を配色する：サブカラーは，床，天井，ドアやカーテンなど，ベースカラーより狭い面積に用いる．ベースカラーとの組合わせを類似色相や類似トーンにすると，統一感がイメージされる．また，あざやかな色の対照色相や対照トーンにすると，コントラストが際立ち変化のイメージが強烈となる．同一色相と対照トーンの配色，つまり同系色の濃淡は，変化がありながら，統一感のイメージが強くアピールされ，整然とした感じを抱かせる．

アクセントカラーは，彩度の高いあざやかな色や，ベースカラーに対して明度差の極端な色の家具や装飾品などを配置してバランスのよい変化を与えることである．配色の仕方は，壁，壁と床，壁と天井，床と壁と天井，壁とカーテン，床とじゅうたんというように，2者間，3者間そして総合的なデザインへと展開していく．

⑥ 計画案を表現する：彩色した透視図を描いて部屋のイメージに合っているかどうか確認する．その際，床，壁，天井だけでなく，つくりつけの収納家具，台所作業台，浴槽，暖冷房設備，書棚，ベッド，テーブル，ソファ，冷蔵庫など設置を予定している物も描き込み，それらを含めて統一と変化のバランスを考える．そのほか，観葉植物や飾りつけなど，ちょっとした気配りで日常生活や家庭行事を楽しく演出するセンスも磨きたいものである．

c. 和室と洋室

空間の構成には和風と洋風があり，建築的には，床，壁，天井の仕あげや，造作，建具のすべてにわたって異なる特徴をもち，照明器具や家具，飾りつけにもそれぞれ伝統があり，住み方の様式にも床座（ゆかざ）と椅子座のちがいがある．

伝統的な和室の特徴は図10.31に示すように，壁面がふすま，障子など可動式で開放的，部屋の延長として庭も含めてデザインされる．柱間や，床の間，押入れ，畳が，約180×90（cm）を単位として規格化されており，どの部屋にも共通する統一的な形がある．また，構成材が白木の柱，塗り壁，いぐさの畳など自

図10.31 床・棚・書院（設計：連空間設計）
畳の規格で律せられ視覚的に統一された室内．床の間，違い棚，附書院，ふすま，雪見障子のいずれも一定の比率で分割され，調和のある変化を与えている．うす緑の畳に，暗緑色(2.5G3/4)のへり，やや赤味を帯びた杉天井，障子，襖の白が色相のちがいをやわらげている．照明器具も木製．

図10.32 リビングルーム[3]
右壁の中央に設けた暖炉を中心に，左右の壁面を飾りつけ，床座もとり入れくつろげる居間になっている．

然のもち味を生かした材料であることから，素朴な趣とぬくもりのある美しさがある．床の間や違い棚に，掛け軸や生花などをかざり，色どりと変化を与えることによってインテリアが完成する．現在は，床の間や違い棚，建具などをアレンジして，モダンにもクラシックにも自在なイメージに変身させている．

一方，洋室の特徴は図10.32のように，壁面が多く各室が独立している．各室はそれぞれ固有の機能をもち，その目的にかなった専用の家具が必要である．建築材料はれんが，石，コンクリートなど堅く，冷たい無機質なものが多用されている．したがって，織物，皮，木などの有機質素材を用いた，敷物や壁飾り，家具類や装飾品によって，暖かさや親しみのイメージが加味されるように整える．インテリアの素材が多いので，それらの配色がデザインの決め手になる．

d. 各室の色彩イメージ

1) 玄関　来訪者が最初に接する空間で，そのイメージが第一印象となるので，親しみのある，明るい感じに仕上げたい（図10.33）．履き物を着脱する土間は一般に明度を低くするので，狭くなりがちな所を広く見せるために，廊下やホ

図10.33 白い玄関（設計：連空間設計）
天井，壁，床が白で非常にすっきりしている．しかし，このようにすべてが同色だと単調になりやすいという欠点がつきまとうが，床面の目地を暗い灰色（$N = 3$）で，さらに深い緑（$2.5G3/8$）の観葉植物を配置することによって単調さをカバーしている．

ールなどとのつながりを工夫するほか，色も天井は白に，壁も白に近い高明度色にするとよい．採光や照明が不十分で暗いといっそう狭く感じる．また，上からの光だけでは，来訪者の顔が暗く映るので，側面からの光線も合わせるように工夫する．

2) 居間　家族が集まる場所なので，くつろぎや安らぎの得られる配色を考える．また皆が使う所であるから，だれにも違和感のない組合わせがよく，各面の色は高明度とし，敷物や装飾品などでアクセントをつけると，手軽にムードを変えることができて飽きがこない．図10.34は天井と壁が白い部屋の内外に観葉植物を配し，緑と白の対比でよりいっそうあざやかさを引き立たせている例である．それらは心を和ませる要素にもなっている．

図 10.34　観葉植物のある居間

3) 食事室　食事室が独立している場合と，ダイニングキッチンや，リビングダイニングである場合とではやや異なる．独立型ならば個性的にするのもよい（図10.35）．食卓を囲んで楽しく食事がとれる環境づくりが大切である．床，壁，

図 10.35 強い対比の食事室
天井と床が 2.5Y2/2 と暗い中で，正面の白壁，テーブルとイスの白が目立つ．強い対比でテーブルを際立たせている．左側は厨房である．

天井は 2.5YR～5Y の暖色系を用いて暖かなイメージにする．食卓は木製が多いが，テーブルクロスで多彩に変化させられる．また，料理を引き立たせ食欲をそそる白い食卓や，あるいは食物との対比効果をねらった青いものもよい．

あくまでも食卓が中心なので，みんなの心がそこに集中するように，照明はテーブルの中央におき，光源は白熱灯か天然色の蛍光灯にして赤～黄が多い食物が新鮮に見えるように配慮することが必要である．

4）台所　壁面は作業台や収納設備でほとんど埋もれてしまい，また窓も小さくなりやすいので，全体の明度は高めにするとよい．壁や天井は白，あるいは $V=8$ 以上の白に近いごくうすいベージュ（10YR8.5/3），アイボリー（5Y9/3）などが望ましい．炊事は立ちばたらきの手作業が中心なので，全体照明のほかに 200 lx 以上の作業面の照度が必要である．一般的には以上のようになるが，図 10.36 に示すキッチンはユニークなアイデアを盛込んで，家族みんなに魅力的な空間を提供している．透明感があり，活気に満ちたカラーコーディネートの部屋になっている．

5）夫婦室　プライバシーが確保され，安眠できる部屋であることが必要である．穏やかで落着いたイメージをつくるには，暖色でも寒色でも低彩度の同系色でまとめるとよい．これに家具や敷物でアクセントをつけていく．寝室のカー

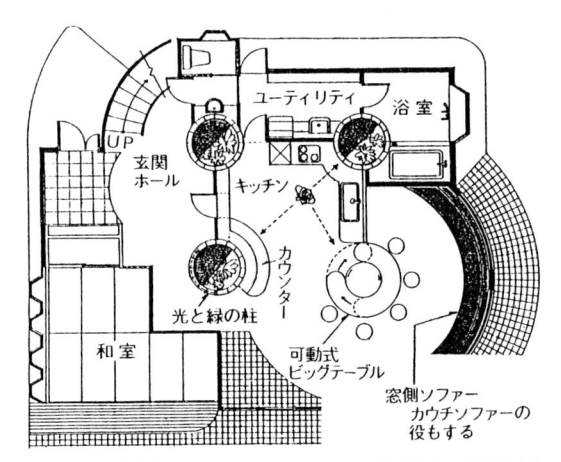

図10.36　光と緑のキッチンステーション[4]（設計：高井道子）

キッチンを住まいの中心にすえたプラン，土地が無くても光と緑に囲まれ風が吹き抜けるキッチンである．ガラスブロック製の"光と緑の柱"3本でキッチンを囲むのがポイントで換気もよい．上部は天井，屋根も突き抜けたトップライト．この柱を透かして周りの家族の様子がわかり，作業者はキッチンにいながら目配りができる．もう一つのポイントはリビングダイニングに大きな円卓をおくことである．中心部は回転式で外側は伸縮式のもの．窓際には何人でも座れるカウチソファー．床はからし色，壁はレモン色，ソファーは黄色の同色相を基調色に，植物と円卓のバーミリオンをアクセントにしている．

テンとベッドカバーは大きな面積を占めるので，両方の柄を揃えるとすっきりする．

　6）子ども室　　子どもの年齢によって使われ方がちがう．小学生では主として寝たり，遊んだり，勉強したりする部屋であり，中学・高校生では寝たり，勉強したりすることが中心となるであろう．したがって心身の発達に応じて，3年くらいのサイクルでムードチェンジが必要となる．子どもは色彩から受ける心理的な影響が大きいといわれているので，極端に派手な色や奇抜な色は避け，明るく落ち着いた配色にして，光も十分とり入れたい．また簡単に模様替えのできる下地にしておくとよい（図10.37）．

　7）老人室　　加齢とともに心身の機能が低下していくので，それらに対応した安全を重視したデザインが必要である．高齢者は視力が弱まり，識別能力がおちるので，事故防止のために照度をあげることが必要である．照度は20歳代の2～4倍が理想とされている．また，色彩も明るく，暖かなイメージのものを選ぶとよい（図10.38）．

10.6 住生活と色彩

図 10.37 子ども室
全体を白で統一した明るい部屋．吹抜け天井ははしごで屋根裏まで通じ，窓からの眺望が楽しめる．

図 10.38 老人室（設計：連空間設計）
天井，床板(5YR7/8)，壁(5Y7/4)の中ぐらいである明るさを，柱，建具わく(10YR9/3)，ふすま(N9)，障子の白さで補った落着きのある和室．床の段差をなくし，居間に近く家族とのコミュニケーションも考慮している．

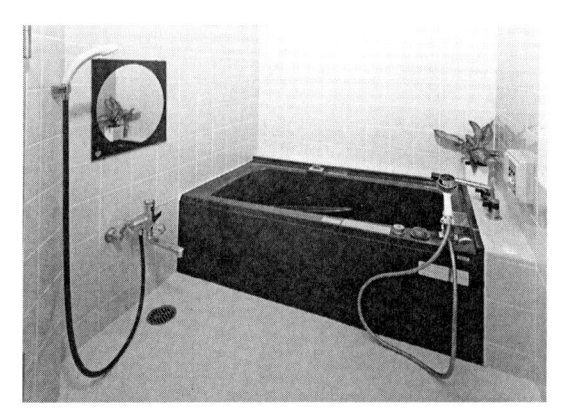

図 10.39 浴槽と鏡をペアにした浴室
周囲はベージュ．彩度の高い赤紫の浴槽とペアの鏡がアクセントになっている．

8) **浴室** 体を洗い流すと同時に，心をリフレッシュする場所でもある．天井は明るく清潔なイメージをもつ白にして，壁，床は暖色系，寒色系のどちらでもよいが，狭い場所なので彩度を低く，明度を高くして広がりを感じさせるようにする．最近は低明度，高彩度のものも若い人の間で人気を集めており（図10.39），浴槽も含めてトータルにまとめる傾向にある．

9) **洗面所** 洗面化粧室としてまとめることが多い．化粧には，拡散した光が必要なので白かそれに近い色が適当である．最近は，洗面器に収納設備，鏡，照明などを組み込んだ洗面化粧ユニットが，デザイン，色彩とも豊富につくられているので，室内の色もそれとトータルにまとめる傾向にある．色は白か，清潔感のある高明度，低彩度のごくうすい色がよい．また，鏡の前の照明は，顔に左右均等な拡散光が当たるように鏡の真上に置き，照度は 300 lx 以上のものが望ましい．

10) **便所** 狭い場所であり，深夜も使うとなれば，圧迫感や，ときに恐怖感を抱くこともあろう．こういった感情を引き起こすことがないように，明るく，安心感のもてる淡い色がよいであろう．便器も白のほか，彩色したものもあり，床や壁と同色相内でまとめると，狭い場所が視覚的に分断されることがなくすっきりする．また，便座カバーやマットをアクセントカラーとして工夫すれば，雰囲気をいろいろ変化させることができる． ［大野庸子］

文　献

1) 日本建築学会編：建築設計資料集大成1　環境，丸善，1978.
2) 宮後　浩，渡辺康人：建築と色彩，学芸出版社，1999.
3) Margaret and Alexander Potter（宮内　悊訳）：絵でみるイギリス人に住まい1，相模書房，1973.
4) 1989年ゆとりある住まいコンテスト受賞作品，愛知ゆとりある住まい推進協議会・中日新聞社主催.

付表

色名1：JISによる日本語慣用色名

慣用色名	読み方	対応する系統色名	略記号	代表的な色記号 色相	明度/彩度
とき（鴇）色	ときいろ	明るい紫みの赤	lt-pR	7.0 RP	7.5/ 8.0
つつじ（躑躅）色	つつじいろ	あざやかな紫みの赤	vv-pR	7.0 RP	5.0/ 13.0
桜色	さくらいろ	ごくうすい紫みの赤	vp-pR	10.0 RP	9.0/ 2.5
ばら（薔薇）色	ばらいろ	あざやかな赤	vv-R	1.0 R	5.0/ 13.0
からくれない（韓紅花）	からくれない	あざやかな赤	vv-R	1.5 R	5.5/ 13.0
さんご（珊瑚）色	さんごいろ	明るい赤	lt-R	2.5 R	7.0/ 11.0
紅梅色	こうばいいろ	やわらかな赤	sf-R	2.5 R	6.5/ 7.5
桃色	ももいろ	やわらかな赤	sf-R	2.5 R	6.5/ 8.0
紅色	べにいろ	あざやかな赤	vv-R	3.0 R	4.0/ 14.0
紅赤	べにあか	あざやかな赤	vv-R	3.5 R	4.0/ 13.0
えんじ（臙脂）	えんじ	強い赤	st-R	4.0 R	4.0/ 11.0
蘇芳	すおう	くすんだ赤	dl-R	4.0 R	4.0/ 7.0
茜色	あかねいろ	こい赤	dp-R	4.0 R	3.5/ 11.0
赤	あか	あざやかな赤	vv-R	5.0 R	4.0/ 14.0
朱色	しゅいろ	あざやかな黄みの赤	vv-yR	6.0 R	5.5/ 14.0
紅樺色	べにかばいろ	暗い黄みの赤	dk-yR	6.0 R	4.0/ 8.5
紅緋	べにひ	あざやかな黄みの赤	vv-yR	6.8 R	5.5/ 14.0
鉛丹色	えんたんいろ	強い黄みの赤	st-yR	7.5 R	5.0/ 12.0
紅海老茶	べにえびちゃ	暗い黄みの赤	dk-yR	7.5 R	3.0/ 5.0
とび（鳶）色	とびいろ	暗い黄みの赤	dk-yR	7.5 R	3.5/ 5.0
小豆色	あずきいろ	くすんだ黄みの赤	dl-yR	8.0 R	4.5/ 4.5
弁柄色	べんがらいろ	暗い黄みの赤	dk-yR	8.0 R	3.5/ 7.0
海老茶	えびちゃ	暗い黄みの赤	dk-yR	8.0 R	3.0/ 4.5
金赤	きんあか	あざやかな黄赤	vv-O	9.0 R	5.5/ 14.0
赤茶	あかちゃ	強い黄赤	st-O	9.0 R	4.5/ 9.0
赤錆色	あかさびいろ	暗い黄赤	dk-O	9.0 R	3.5/ 8.5
黄丹	おうに	強い黄赤	st-O	10.0 R	6.0/ 12.0
赤橙	あかだいだい	あざやかな黄赤	vv-O	10.0 R	5.5/ 14.0
柿色	かきいろ	強い黄赤	st-O	10.0 R	5.5/ 12.0
肉桂色	にっけいいろ	くすんだ黄赤	dl-O	10.0 R	5.5/ 6.0
樺色	かばいろ	強い黄赤	st-O	10.0 R	4.5/ 11.0
れんが（煉瓦）色	れんがいろ	暗い黄赤	dk-O	10.0 R	4.0/ 7.0
錆色	さびいろ	暗い灰みの黄赤	dg-O	10.0 R	3.0/ 3.5
桧皮色	ひわだいろ	暗い灰みの黄赤	dg-O	1.0 YR	4.3/ 4.0
栗色	くりいろ	暗い灰みの黄赤	dg-O	2.0 YR	3.5/ 4.0
黄赤	きあか	あざやかな黄赤	vv-O	2.5 YR	5.5/ 13.0
たいしゃ（代赭）	たいしゃ	くすんだ黄赤	dl-O	2.5 YR	5.0/ 8.5
らくだ（駱駝）色	らくだいろ	くすんだ黄赤	dl-O	4.0 YR	5.5/ 6.0
黄茶	きちゃ	強い黄赤	st-O	4.0 YR	5.0/ 9.0
肌色	はだいろ	うすい黄赤	pl-O	5.0 YR	8.0/ 5.0
橙色	だいだいいろ	あざやかな黄赤	vv-O	5.0 YR	6.5/ 13.0
灰茶	はいちゃ	暗い灰みの黄赤	dg-O	5.0 YR	4.5/ 3.0
茶色	ちゃいろ	暗い灰みの黄赤	dg-O	5.0 YR	3.5/ 4.0
焦茶	こげちゃ	暗い灰みの黄赤	dg-O	5.0 YR	3.0/ 2.0
こうじ（柑子）色	こうじいろ	やわらかい黄赤	sf-O	5.5 YR	7.5/ 9.0
杏色	あんずいろ	やわらかい黄赤	sf-O	6.0 YR	7.0/ 6.0
蜜柑色	みかんいろ	あざやかな黄赤	vv-O	6.0 YR	6.5/ 13.0
褐色	かっしょく	暗い黄赤	dk-O	6.0 YR	3.0/ 7.0

慣用色名	読み方	対応する系統色名	略記号	代表的な色記号 色相	明度/彩度
土色	つちいろ	くすんだ赤みの黄	dl-rY	7.5 YR	5.0/ 7.0
小麦色	こむぎいろ	やわらかい赤みの黄	sf-rY	8.0 YR	7.0/ 6.0
こはく（琥珀）色	こはくいろ	くすんだ赤みの黄	dl-rY	8.0 YR	5.5/ 6.5
金茶	きんちゃ	こい赤みの黄	dp-rY	9.0 YR	5.5/10.0
卵色	たまごいろ	明るい赤みの黄	lt-rY	10.0 YR	8.0/ 7.5
山吹色	やまぶきいろ	あざやかな赤みの黄	vv-rY	10.0 YR	7.5/13.0
黄土色	おうどいろ	くすんだ赤みの黄	dl-rY	10.0 YR	6.0/ 7.5
朽葉色	くちばいろ	灰みを帯びた赤みの黄	mg-rY	10.0 YR	5.0/ 2.0
ひまわり（向日葵）色	ひまわりいろ	あざやかな黄	vv-Y	2.0 Y	8.0/14.0
うこん（鬱金）色	うこんいろ	強い黄	st-Y	2.0 Y	7.5/12.0
砂色	すないろ	明るい灰みの黄	lg-Y	2.5 Y	7.5/ 2.0
芥子色	からしいろ	やわらかい黄	sf-Y	3.0 Y	7.0/ 6.0
黄色	きいろ	あざやかな黄	vv-Y	5.0 Y	8.0/14.0
たんぽぽ（蒲公英）色	たんぽぽいろ	あざやかな黄	vv-Y	5.0 Y	8.0/14.0
鶯茶	うぐいすちゃ	暗い灰みの黄	dg-Y	5.0 Y	4.0/ 3.5
中黄	ちゅうき	明るい緑みの黄	lt-gY	7.0 Y	8.5/11.0
刈安色	かりやすいろ	うすい緑みの黄	pl-gY	7.0 Y	8.5/ 7.0
きはだ（黄檗）色	きはだいろ	明るい黄緑	lt-YG	9.0 Y	8.0/ 8.0
みる（海松）色	みるいろ	暗い黄緑	dk-YG	8.5 Y	4.5/ 2.5
ひわ（鶸）色	ひわいろ	強い黄緑	st-YG	1.0 GY	7.5/ 8.0
鶯色	うぐいすいろ	くすんだ黄緑	dl-YG	1.0 GY	4.5/ 3.5
抹茶色	まっちゃいろ	やわらかい黄緑	sf-YG	2.0 GY	7.5/ 4.0
黄緑	きみどり	あざやかな黄緑	vv-YG	2.5 GY	7.5/11.0
苔色	こけいろ	くすんだ黄緑	dl-YG	2.5GY	5.0/ 5.0
若草色	わかくさいろ	強い黄緑	st-YG	3.0 GY	7.0/10.0
萌黄	もえぎ	強い黄緑	st-YG	4.0 GY	6.5/ 9.0
草色	くさいろ	くすんだ黄緑	dl-YG	5.0 GY	5.0/ 5.0
若葉色	わかばいろ	やわらかい黄緑	sf-YG	7.0 GY	7.5/ 4.5
松葉色	まつばいろ	くすんだ黄緑	dl-YG	7.5 GY	5.0/ 4.5
白緑	びゃくろく	ごくうすい緑	vp-G	2.5 G	8.5/ 2.5
緑	みどり	明るい緑	lt-G	2.5 G	6.5/10.0
常盤色	ときわいろ	こい緑	dp-G	3.0 G	4.5/ 7.0
緑青色	りょくしょういろ	くすんだ緑	dl-G	4.0 G	5.0/ 4.0
千歳緑	ちとせみどり	暗い灰みの緑	dg-G	4.0 G	4.0/ 3.5
深緑	ふかみどり	こい緑	dp-G	5.0 G	3.0/ 7.0
もえぎ（萌葱）色	もえぎいろ	暗い緑	dk-G	5.5 G	3.0/ 5.0
若竹色	わかたけいろ	強い緑	st-G	6.0 G	6.0/ 7.5
青磁色	せいじいろ	やわらかい青みの緑	sf-bG	7.5 G	6.5/ 4.0
青竹色	あおたけいろ	やわらかい青緑	sf-BG	2.5 BG	6.5/ 4.0
鉄色	てついろ	ごく暗い青緑	vd-BG	2.5 BG	2.5/ 2.5
青緑	あおみどり	あざやかな青緑	vv-BG	7.5 BG	5.0/12.0
錆浅葱	さびあさぎ	灰みの青緑	mg-BG	10.0 BG	5.5/ 3.0
水浅葱	みずあさぎ	やわらかい青緑	sf-BG	1.5 B	6.0/ 3.0
新橋色	しんばしいろ	明るい緑みの青	lt-gB	2.5 B	6.5/ 5.5
浅葱色	あさぎいろ	あざやかな緑みの青	vv-gB	2.5 B	5.0/ 8.0
白群	びゃくぐん	やわらかい緑みの青	sf-gB	3.0 B	7.0/ 4.5
納戸色	なんどいろ	強い緑みの青	st-gB	4.0 B	4.0/ 6.0
かめのぞき（甕覗き）	かめのぞき	やわらかい緑みの青	sf-gB	4.5 B	7.0/ 4.0
水色	みずいろ	うすい緑みの青	pl-gB	6.0 B	8.0/ 4.0
藍鼠	あいねず	暗い灰みの青	dg-gB	7.5 B	4.5/ 2.5
空色	そらいろ	明るい青	lt-B	9.0 B	7.5/ 5.5
青	あお	あざやかな青	vv-B	10.0 B	4.0/14.0
藍色	あいいろ	暗い青	dk-B	2.0 PB	3.0/ 5.0
濃藍	こいあい	ごく暗い青	vd-B	2.0 PB	2.0/ 3.5
勿忘草色	わすれなぐさいろ	やわらかい青	sf-B	3.0 PB	7.0/ 6.0
露草色	つゆくさいろ	あざやかな青	vv-B	3.0 PB	5.0/11.0
はなだ（縹）色	はなだいろ	強い青	st-B	3.0 PB	4.0/ 7.5
紺青	こんじょう	暗い紫みの青	dk-pB	5.0 PB	3.0/ 4.0

付　　表

慣用色名	読み方	対応する系統色名	略記号	代表的な色記号 色相	明度/彩度
るり（瑠璃）色	るりいろ	こい紫みの青	dp-pB	6.0 PB	3.5/ 11.0
るり（瑠璃）紺	るりこん	こい紫みの青	dp-pB	6.0 PB	3.0/ 8.0
紺色	こんいろ	暗い紫みの青	dk-pB	6.0 PB	2.5/ 4.0
かきつばた（杜若）色	かきつばたいろ	あざやかな青みの紫	vv-bP	7.0 PB	4.0/ 10.0
勝色	かちいろ	暗い紫みの青	dk-pB	7.0 PB	2.5/ 3.0
群青色	ぐんじょういろ	こい紫みの青	dp-pB	7.0 PB	3.5/ 11.0
鉄紺	てつこん	ごく暗い紫みの青	vd-pB	7.5 PB	1.5/ 2.0
藤納戸	ふじなんど	強い青紫	st-V	9.0 PB	4.5/ 7.5
ききょう（桔梗）色	ききょういろ	こい青紫	dp-V	9.0 PB	3.5/ 13.0
紺藍	こんあい	こい青紫	dp-V	9.0 PB	2.5/ 9.5
藤色	ふじいろ	明るい青紫	lt-V	10.0 PB	6.5/ 6.5
藤紫	ふじむらさき	明るい青紫	lt-V	0.5 P	6.0/ 9.0
青紫	あおむらさき	あざやかな青紫	vv-V	2.5 P	4.0/ 14.0
菫色	すみれいろ	あざやかな青紫	vv-V	2.5 P	4.0/ 11.0
鳩羽色	はとばいろ	くすんだ青紫	dl-V	2.5 P	4.0/ 3.5
しょうぶ（菖蒲）色	しょうぶいろ	あざやかな青みの紫	vv-bP	3.0 P	4.0/ 11.0
江戸紫	えどむらさき	こい青みの紫	dp-bP	3.0 P	3.5/ 7.0
紫	むらさき	あざやかな紫	vv-P	7.5 P	5.0/ 12.0
古代紫	こだいむらさき	くすんだ紫	dl-P	7.5 P	4.0/ 6.0
なす（茄子）紺	なすこん	ごく暗い紫	vd-P	7.5 P	2.5/ 2.5
紫紺	しこん	暗い紫	dk-P	8.0 P	2.0/ 4.0
あやめ（菖蒲）色	あやめいろ	あざやかな青みの紫	vv-bP	10.0 P	6.0/ 10.0
牡丹色	ぼたんいろ	あざやかな赤紫	vv-RP	3.0 RP	5.0/ 14.0
赤紫	あかむらさき	あざやかな赤紫	vv-RP	5.0 RP	5.5/ 13.0
白	しろ	白	Wt	N	9.5
胡粉色	ごふんいろ	黄みの白	Wt	2.5 Y	9.2/ 0.5
生成り色	きなりいろ	赤みを帯びた黄みの白	r·y-Wt	10.0 YR	9.0/ 1.0
象牙色	ぞうげいろ	黄みのうすい灰色	y-plGy	2.5 Y	8.5/ 1.5
銀鼠	ぎんねず	明るい灰色	ltGy	N	6.5
茶鼠	ちゃねずみ	黄赤みの灰色	o-mdGy	5.0 YR	6.0/ 1.0
鼠色	ねずみいろ	灰色	mgGy	N	5.5
利休鼠	りきゅうねずみ	緑みの灰色	g-mdGy	2.5 G	5.0/ 1.0
鉛色	なまりいろ	青みの灰色	b-mdGy	2.5 PB	5.0/ 1.0
灰色	はいいろ	灰色	mdGy	N	5.0
すす（煤）竹色	すすたけいろ	赤みを帯びた黄みの暗い灰色	r·y-dkGy	9.5 YR	3.5/ 1.5
黒茶	くろちゃ	黄赤みの黒	o-Bk	2.5 YR	2.0/ 1.5
墨	すみ	黒	Bk	N	2.0
黒	くろ	黒	Bk	N	1.5
鉄黒	てつぐろ	黒	Bk	N	1.5
金色	きんいろ				
銀色	ぎんいろ				

色名2：JISによる英語慣用色名

慣用色名	英語表記	対応する系統色名	略記号	代表的な色記号 色相	明度/彩度
ローズピンク	rose pink	明るい紫みの赤	lt-pR	10 RP	7.0/ 8.0
コチニールレッド	cochineal red	あざやかな紫みの赤	vv-pR	10 RP	4.0/ 12.0
ルビーレッド	ruby red	あざやかな紫みの赤	vv-pR	10 RP	4.0/ 14.0
ワインレッド	wine red	こい紫みの赤	dp-pR	10 RP	3.0/ 9.0
バーガンディー	burgundy	ごく暗い紫みの赤	vd-pR	10 RP	2.0/ 2.5
オールドローズ	old rose	やわらかい赤	sf-R	1 R	6.0/ 6.5
ローズ	rose	あざやかな赤	vv-R	1 R	5.0/ 14.0
ストロベリー	strawberry	あざやかな赤	vv-R	1 R	4.0/ 14.0
コーラルレッド	coral red	明るい赤	lt-R	2.5 R	7.0/ 11.0
ピンク	pink	やわらかい赤	sf-R	2.5 R	7.0/ 7.0
ボルドー	bordeaux	ごく暗い赤	vd-R	2.5 R	2.5/ 3.0
ベビーピンク	baby pink	うすい赤	pl-R	4 R	8.5/ 4.0
ポピーレッド	poppy red	あざやかな赤	vv-R	4 R	5.0/ 14.0
シグナルレッド	signal red	あざやかな赤	vv-R	4 R	4.5/ 14.0
カーマイン	carmine	あざやかな赤	vv-R	4 R	4.0/ 14.0
レッド	red	あざやかな赤	vv-R	5 R	5.0/ 14.0
トマトレッド	tomat red	あざやかな赤	vv-R	5 R	5.0/ 14.0
マルーン	marron	暗い赤	dk-R	5 R	2.5/ 6.0
バーミリオン	vermilion	あざやかな黄みの赤	vv-yR	6 R	5.5/ 14.0
スカーレット	scarlet	あざやかな黄みの赤	vv-yR	7 R	5.0/ 14.0
テラコッタ	terracotta	くすんだ黄みの赤	dl-yR	7.5 R	4.5/ 8.0
サーモンピンク	salmon pink	やわらかい黄みの赤	sf-yR	8 R	7.5/ 7.5
シェルピンク	shell pink	ごくうすい黄赤	vp-O	10 R	8.5/ 3.5
ネールピンク	nail pink	うすい黄赤	pl-O	10 R	8.0/ 4.0
チャイニーズレッド	Chinese red	あざやかな黄赤	vv-O	10 R	6.0/ 15.0
キャロットオレンジ	carrot orange	強い黄赤	st-O	10 R	5.0/ 11.0
バーントシェンナ	burnt sienna	くすんだ黄赤	dl-O	10 R	4.5/ 7.5
チョコレート	chocolate	ごく暗い黄赤	vd-O	10 R	2.5/ 2.5
カーキー	khaki	くすんだ黄赤	dl-O	1 YR	5.0/ 5.5
ブロンド	blond	やわらかい黄赤	sf-O	2 YR	7.5/ 7.0
ココアブラウン	cocoa brown	暗い灰みの黄赤	dg-O	2 YR	3.5/ 4.0
ピーチ	peach	明るい灰みの黄赤	lg-O	3 YR	8.0/ 3.5
ローシェンナ	raw sienna	強い黄赤	st-O	4 YR	5.0/ 9.0
オレンジ	orange	あざやかな黄赤	vv-O	5 YR	6.5/ 13.0
ブラウン	brown	暗い灰みの黄赤	dg-O	5 YR	3.5/ 4.0
アプリコット	apricot	やわらかい黄赤	sf-O	6 YR	7.0/ 6.0
タン	tan	くすんだ黄赤	dl-O	6 YR	5.0/ 6.0
マンダリンオレンジ	mandarin orange	強い赤みの黄	st-rY	7 YR	7.0/ 11.5
コルク	cork	くすんだ赤みの黄	dl-rY	7 Y	5.5/ 4.0
エクルベイジュ	ecru beige	うすい赤みの黄	pl-rY	7.5 YR	8.5/ 4.0
ゴールデンイエロー	golden orange	強い赤みの黄	st-rY	7.5 YR	7.0/ 10.0
マリーゴールド	marigold	あざやかな赤みの黄	vv-rY	8 YR	7.5/ 13.0
バフ	buff	やわらかい赤みの黄	sf-rY	8 YR	6.5/ 5.0
アンバー	amber	くすんだ赤みの黄	dl-rY	8 YR	5.5/ 6.5
ブロンズ	bronze	暗い赤みの黄	dk-rY	8.5 YR	4.0/ 5.0
ベージュ	beige	明るい灰みの赤みを帯びた黄	lg-rY	10 YR	7.0/ 2.5
イエローオーカー	yellow ocher	こい赤みの黄	dp-rY	10 YR	6.0/ 7.5
バーントアンバー	burnt umber	暗い灰みの赤みの黄	dg-rY	10 YR	3.0/ 3.0
セピア	sepia	ごく暗い赤みの黄	vd-rY	10 YR	2.5/ 2.0
ネープルスイエロー	Naples yellow	強い黄	st-Y	2.5 Y	8.0/ 7.5
レグホーン	leghorn	やわらかい黄	sf-Y	2.5 Y	8.0/ 4.0
ローアンバー	raw umber	こい赤みの黄	dp-rY	2.5 Y	4.0/ 6.0
クロムイエロー	chrome yellow	明るい黄	lt-Y	3 Y	8.0/ 12.0
イエロー	yellow	あざやかな黄	vv-Y	5 Y	8.5/ 14.0
クリームイエロー	cream yellow	ごくうすい黄	vp-Y	5 Y	8.5/ 3.5
ジョンブリアン	jaune brillant	あざやかな黄	vv-Y	5 Y	8.5/ 14.0
カナリヤ	canary yellow	明るい緑みの黄	lt-gY	7 Y	8.5/ 10.0

付　表

慣用色名	英語表記	対応する系統色名	略記号	代表的な色記号 色相	明度/彩度
オリーブドラブ	olive drab	暗い灰みの緑を帯びた黄	dg-gY	7.5 Y	4.0/ 2.0
オリーブ	olive	暗い緑みの黄	dk-gY	7.5 Y	3.5/ 4.0
レモンイエロー	lemon yellow	あざやかな緑みの黄	vv-gY	8 Y	8.0/12.0
オリーブグリーン	olive green	暗い灰みの黄緑	dg-YG	2.5 GY	3.5/ 3.0
シャトルーズグリーン	chartreuse green	明るい黄緑	lt-YG	4 GY	8.0/10.0
リーフグリーン	leaf green	普通の黄緑	st-YG	5 GY	6.0/ 7.0
グラスグリーン	grass green	くすんだ黄緑	dl-YG	5 GY	5.0/ 5.0
シーグリーン	sea green	強い黄緑	st-YG	6 GY	7.0/ 8.0
アイビーグリーン	ivy green	暗い黄緑	dk-YG	7.5 GY	4.0/ 5.0
アップルグリーン	apple green	やわらかい黄みの緑	sf-YG	10 GY	8.0/ 5.0
ミントグリーン	mint green	明るい緑	lt-G	2.5 G	7.5/ 8.0
グリーン	green	あざやかな緑	vv-G	2.5 G	5.5/10.0
コバルトグリーン	cobalt green	明るい緑	lt-G	4 G	7.0/ 9.0
エメラルドグリーン	emerald green	強い緑	st-G	4 G	6.0/ 8.0
マラカイトグリーン	malachite green	こい緑	dp-G	4 G	4.5/ 9.0
ボトルグリーン	bottle green	ごく暗い緑	vd-G	5 G	2.5/ 3.0
フォレストグリーン	forest green	くすんだ青みの緑	dl-bG	7.5 G	4.5/ 5.0
ビリジアン	viridian	くすんだ青みの緑	dl-bG	8 G	4.0/ 6.0
ビリヤードグリーン	billiard green	暗い青みの緑	dk-bG	10 G	2.5/ 5.0
ピーコックグリーン	peacock green	あざやかな青緑	vv-BG	7.5 BG	4.5/ 9.0
ナイルブルー	Nile blue	くすんだ青緑	dl-BG	10 BG	5.5/ 5.0
ピーコックブルー	peacock blue	こい青緑	dp-BG	10 BG	4.0/ 8.5
ターコイズブルー	turquoise blue	明るい緑みの青	lt-gB	5 B	6.0/ 8.0
マリンブルー	marine blue	こい緑みの青	dp-gB	5 B	3.0/ 7.0
ホリゾンブルー	horizon blue	やわらかな緑みの青	sf-gB	7.5 B	7.0/ 4.0
シアン	cyan	あざやかな緑みの青	vv-gB	7.5 B	6.0/10.0
スカイブルー	sky blue	明るい青	lt-B	9 B	7.5/ 5.5
セルリアンブルー	cerulean blue	あざやかな青	vv-B	9 B	4.5/ 9.0
ベビーブルー	baby blue	明るい灰みの青	lg-B	10 B	7.5/ 3.0
サックスブルー	sax blue	くすんだ青	dl-B	1 PB	5.0/ 4.5
ブルー	blue	あざやかな青	vv-B	2.5 PB	4.5/10.0
コバルトブルー	cobalt blue	あざやかな青	vv-B	3 PB	4.0/10.0
アイアンブルー	iron blue	暗い紫みの青	vv-pB	5 PB	3.0/ 4.0
プルシャンブルー	Prussian blue	暗い紫みの青	dk-pB	5 PB	3.0/ 4.0
ミッドナイトブルー	midnight blue	ごく暗い紫の青	vd-pB	5 PB	1.5/ 2.0
ヒヤシンス	hyacinth	くすんだ紫みの青	dl-pB	5.5 PB	5.5/ 6.0
ネービーブルー	naby blue	暗い紫の青	dk-pB	6 PB	2.5/ 4.0
ウルトラマリンブルー	ultramarine blue	こい紫みの青	dp-pB	7.5 PB	3.5/11.0
オリエンタルブルー	oriental blue	こい紫みの青	dp-pB	7.5 PB	3.0/10.0
ウイスタリア	wistaria	あざやかな青紫	vv-V	10 PB	5.0/12.0
パンジー	pansy	こい青紫	dp-V	1 P	2.5/10.0
ヘリオトロープ	heliotorope	あざやかな青紫	vv-V	2 P	5.0/10.5
バイオレット	violet	あざやかな青紫	vv-V	2.5 P	4.0/11.0
ラベンダー	lavender	灰みの青紫	mg-Y	5 P	6.0/ 3.0
モーブ	mauve	強い青紫	st-V	5 P	4.5/ 9.0
ライラック	lilac	やわらかい紫	sf-P	6 P	7.0/ 6.0
オーキッド	orchid	やわらかい紫	sf-P	7.5 P	7.0/ 6.0
パープル	purple	あざやかな紫	vv-P	7.5 P	5.0/12.0
マゼンタ	magenta	あざやかな赤紫	vv-RP	5 RP	5.0/14.0
チェリーピンク	cherry pink	あざやかな赤紫	vv-RP	6 RP	5.5/11.5
ローズレッド	rose red	あざやかな紫みの赤	vv-RP	7.5 RP	5.0/12.0
ホワイト	white	白	Wt	N	9.5
スノーホワイト	snow white	白	Wt	N	9.5
アイボリー	ivory	赤みを帯びた黄のうすい灰色	r-y-plGy	2.5 Y	8.5/ 1.5
スカイグレイ	sky grey	青みの明るい灰色	b-ltGy	7.5 B	7.5/ 0.5
パールグレイ	pearl grey	明るい灰色	ltGy	N	7.0
シルバーグレイ	silver grey	明るい灰色	ltGy	N	6.5

慣用色名	英語表記	対応する系統色名	略記号	代表的な色記号	
				色相	明度/彩度
アッシュグレイ	ash grey	灰色	mdGy	N	6.0
ローズグレイ	rose grey	赤みの灰色	r-mdGy	2.5 R	5.5/ 1.0
グレイ	grey	灰色	mdGy	N	5.0
スチールグレイ	steel grey	青紫みの灰色	v-mdGy	5 P	4.5/ 1.0
スレートグレイ	slate grey	暗い灰色	dkGy	2.5 PB	3.5/ 0.5
チャコールグレイ	chacoal grey	青紫みの暗い灰色	v-dkGy	5 P	3.0/ 1.0
ランプブラック	lamp black	黒	Bk	N	1.0
ブラック	black	黒	Bk	N	1.0

索　引

ア　行

明るさの恒常性　78
秋の七草　152
アクセントカラー　122, 132, 167
あしらい　149
アソートカラー　121
アノマロスコープ　12
暗順応　76
暗所視　62
安全色彩　2

位階の色　96
いき　97
異色調和　54
居間　170
イメージマップ　154
イメージワード　154
色温度　20, 156
色三角形　44
色順応　77
色知覚効果　75
色の恒常性　78
色の嗜好　141, 156
色の出現率　126
色の象徴性　94
色の連想　94, 141
色立体　29
祝い膳　150
インターカラー　134
インテリア　154
インテリアイメージ　154
インテリアエレメント　158
インテリア素材　158

SD法　89
XYZ表色系　46
NCS表色系　44

$L^*a^*b^*$表色系　51
$L^*u^*v^*$表色系　51
演色性　23, 157
演色評価数　23

Öko-Tex 1000 Standard　113
オストワルトの色彩調和論　53
オストワルト表色系　40
おせち料理　150
オメガ空間　55
温暖感　85
温白色　25

カ　行

外構　161
懐石料理　139, 147
回折格子　70
拡散光　174
各室のイメージ　166, 169
重色目　96
重ね盛り　144
仮性同色表　12
家族構成　161
可読性　82
加法混色　46, 62
カラークロス　136
カラーコンセプト　118
カラーシミュレーション　119
カラーセラピー　87
眼球　6
環境色彩計画　120
感情効果　75
桿状体　7
完全色　44
顔料　107
寒冷感　85

季節感と被服　126

基調色　121
輝度　19
機能性色素　110
キリスト教　99
鏡映色　5
共役二重結合系　104
共感覚現象　85
強調色　122

空間のイメージ　166
グラデーションカラー　132
グレースケール　113

継続対比　80
軽重感　87
化粧品原料基準　109
化粧品用着色剤　109
玄関　169
顕色系　28
建築材料　163
減法混色　63
堅牢性　113

光源色　5, 35
　──の慣用色名　37
　──の基本色名　35
　──の系統色名　35
虹彩　7
光束　19
後退色　81
光沢　5, 160
光電色彩計　73
光度　19
硬軟感　88
購買行動　124
興奮効果　86
五行思想　96, 138
五行配当表　139
国際照明委員会　19

索　引

国際流行色委員会　134
5色運動　139
子ども室　172
固有感情　75
混色系　28
コンピューターグラフィクス　120

サ　行

彩度　29
彩度対比　80
三刺激値　45
三色型色覚　10
三属性　36
残像現象　79

CIE　19
CIE 昼光　66
CIE 表色系　46
視感測定法　68
視感度　61
視感比較法　68
色覚異常　10
色覚学説　12
色彩イメージ　89,122
色彩計画　117
色彩調和　53,142
色彩メッセージ　122
色素　103
色相　28
色相環　28
色相対比　79
色度図　48
刺激純度　50
刺激値直読法　73
視細胞　7
CG　120
視認性　82
斜横断色対　54
収縮色　81
住生活　160
重詰め　150
主観色　83
主調色　121
主波長　50
純色　29

情緒感情　75
照度　19,23,171
常用光源　66
食事室　170
食品の色　139
食品用着色剤　108
食欲と色　140
助色団　104
女性服装色の調査　126
自律神経　4
進出色　81
浸染　110

錐状体　7
スカラーモーメント　56
杉盛り　144
スペクトル色度座標　48
住まいの色彩イメージ　164
住まいの色彩計画　162
住まいの配色　164

性格と被服のイメージ　125
清色　88
セパレーションカラー　131
遷移金属元素　108
戦後の流行色　134
選択吸収　104
洗面所　174
染料　103
　――の化学構造　105
　――の分類　106

相関色温度　20
造形活動　1
造形計画　1
測光量　18

タ　行

台所　171
ダイニングキッチン　170
濁色　91
多色配色　91
タール系合成食用色素　109
俵盛り　144
段階説　15

単色イメージ　89
単色光照明方式　71

地域景観　162
昼光色　25
中秋の名月　152
中心窩　7
昼白色　25
着彩図　119
着彩模型　120
着色剤　103
沈静効果　86

艶消し　160

電球色　26
天然色素　139
天然着色料　109

同化現象　80
等価値色環　54
等価値色対　55
等価値色補色対　54
等黒系列　53
透視図　119,167
同時対比　79
等純系列　53
等色関数　47
等白系列　53
透明表面色　4
透明面色　4
トーガ　100
ドミナントカラー　121
トーン　43

ナ　行

内部着色　114
捺染　111
二色配色イメージ　91
日本色研配色体系　41
　――の色彩調和論　58
脳波　4

索　　引　　　　　　　　　　　　185

ハ 行

配管識別　3
配合色　121
白色　25
白色光照明方式　71
薄明視　78
パーソナルカラー　135
肌の色　135
発色機構　104
発色団　104
八寸　146
派手・地味感　88
ハーモニー　133
バランスカラー　132
反対色調和　54
反応性染料　106

光の単位　17
ピグメントカラーレジン　112
比視感度　61
PCCS　41
美度　57
雛膳　151
被服着装イメージ　125
非補色対菱形　55
標準イルミナント　21,63
標準観測者　46
標準光源　21,66
表色系　28
表面色　4
表面着色　114
平盛り　144

夫婦室　171
フェヒナー色　83
服飾の色彩計画　123

物体色　30
　──の慣用色名　34
　──の基本色名　30
　──の系統色名　30
プリント　111
プルキニエ現象　78
ブルースケール　113
プロポーション　132
分光光度計　69
分光視感効率　61
分光測色方法　69
分散染料　111

ベゾルド-ブリュッケ現象　84
ヘリングの反対色説　13
便所　174
ベンハムのコマ　83

膨張色　81
ポジティブリスト　115
補色対菱形　54
補助標準イルミナント　64

マ 行

前盛り　149
混ぜ盛り　144
町づくり　162
マンセル表色系　38

無機顔料　107
無彩色　28
ムーン-スペンサーの色彩調和
　論　55

明順応　76
明所視　62
明度　28

明度対比　79
面色　4

盲点　10
網膜　7
紋章　100

ヤ 行

ヤング-ヘルムホルツの三原色
　説　12

有機顔料　107
有彩色　28

浴室　174
寄せ盛り　145

ラ 行

ライフスタイル　123
ライフステージ　161

リズム　132
リビング　170
流行採用の時期　133
流行色　133
　──の予測　134

類似色調和　54
ルータ条件　73

老人室　172

ワ 行

和室と洋室　175

新版 生活の色彩学　　　　　　定価はカバーに表示

2001年4月25日　初版第1刷
2018年4月25日　　　　第14刷

著　者	加　藤　雪　枝
	石　原　久代
	中　川　早　苗
	橋　本　令　子
	寺　田　純　子
	雨　宮　　　勇
	高　木　節　子
	大　野　庸　子
発行者	朝　倉　誠　造
発行所	株式会社　朝倉書店

東京都新宿区新小川町 6-29
郵便番号　162-8707
電　話　03（3260）0141
FAX　03（3260）0180
http://www.asakura.co.jp

〈検印省略〉

© 2001〈無断複写・転載を禁ず〉　　　　　教文堂・渡辺製本

ISBN 978-4-254-60017-9　C 3077　　　Printed in Japan

JCOPY ＜(社)出版者著作権管理機構 委託出版物＞

本書の無断複写は著作権法上での例外を除き禁じられています．複写される場合は，そのつど事前に，(社)出版者著作権管理機構（電話 03-3513-6969，FAX 03-3513-6979, e-mail: info@jcopy.or.jp）の許諾を得てください．

好評の事典・辞典・ハンドブック

感染症の事典	国立感染症研究所学友会 編 B5判 336頁
呼吸の事典	有田秀穂 編 A5判 744頁
咀嚼の事典	井出吉信 編 B5判 368頁
口と歯の事典	高戸 毅ほか 編 B5判 436頁
皮膚の事典	溝口昌子ほか 編 B5判 388頁
からだと水の事典	佐々木成ほか 編 B5判 372頁
からだと酸素の事典	酸素ダイナミクス研究会 編 B5判 596頁
炎症・再生医学事典	松島綱治ほか 編 B5判 584頁
からだと温度の事典	彼末一之 監修 B5判 640頁
からだと光の事典	太陽紫外線防御研究委員会 編 B5判 432頁
からだの年齢事典	鈴木隆雄ほか 編 B5判 528頁
看護・介護・福祉の百科事典	糸川嘉則 編 A5判 676頁
リハビリテーション医療事典	三上真弘ほか 編 B5判 336頁
食品工学ハンドブック	日本食品工学会 編 B5判 768頁
機能性食品の事典	荒井綜一ほか 編 B5判 480頁
食品安全の事典	日本食品衛生学会 編 B5判 660頁
食品技術総合事典	食品総合研究所 編 B5判 616頁
日本の伝統食品事典	日本伝統食品研究会 編 A5判 648頁
ミルクの事典	上野川修一ほか 編 B5判 580頁
新版 家政学事典	日本家政学会 編 B5判 984頁
育児の事典	平山宗宏ほか 編 A5判 528頁

価格・概要等は小社ホームページをご覧ください．